U0913163

理性地判断，建设性地表达

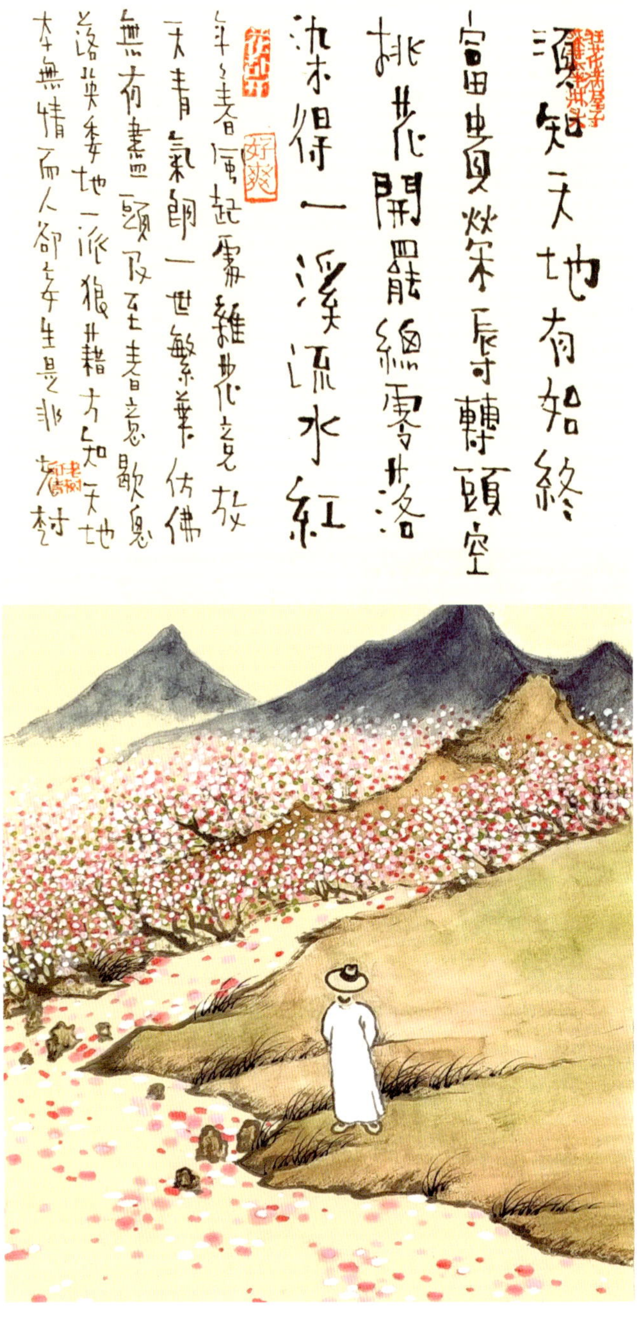

须知天地有始终，富贵荣辱转头空。
桃花开罢总零落，染得一溪流水红。
插画摘自 @ 老树画画

决策之道

·越重要的人越需要·

正和岛 主编

第8辑

中国财富出版社有限公司

图书在版编目（CIP）数据

决策之道．第 8 辑 / 正和岛主编．— 北京：中国财富出版社有限公司，2023.6

ISBN 978-7-5047-7948-9

Ⅰ．①决… Ⅱ．①正… Ⅲ．①企业管理 — 经济决策 Ⅳ．① F272.15

中国国家版本馆 CIP 数据核字（2023）第 099265 号

策划编辑 郑晓雯　　责任编辑 张红燕 郑晓雯　　版权编辑 李 洋
责任印制 梁 凡　　责任校对 卓闪闪　　责任发行 董 倩

出版发行	中国财富出版社有限公司		
社　　址	北京市丰台区南四环西路 188 号 5 区 20 楼	邮政编码	100070
电　　话	010-52227588 转 2098（发行部）		010-52227588 转 321（总编室）
	010-52227566（24 小时读者服务）		010-52227588 转 305（质检部）
网　　址	http://www.cfpress.com.cn	排　　版	北京正和岛信息科技有限公司
经　　销	新华书店	印　　刷	固安兰星球彩色印刷有限公司
书　　号	ISBN 978-7-5047-7948-9 / F・3551		
开　　本	787mm × 1092mm 1/16	版　　次	2023 年 6 月第 1 版
印　　张	6.5	印　　次	2023 年 6 月第 1 次印刷
字　　数	135 千字	定　　价	198.00 元

Z.H.ISLAND

决策之道

·越重要的人越需要·

地址｜北京市海淀区中关村东路1号院清华科技园创新大厦B座9层（100084）
电话｜010-62539800

正和岛官方微信｜zhenghedao
正和岛APP｜正和岛
正和岛微博｜@正和岛标准
正和岛网站｜www.zhisland.com

别当冬天的那只寒号鸟

宋志平

中国上市公司协会会长
中国企业改革与发展研究会会长

这一辑《决策之道》的主题是第二增长曲线，我觉得这契合当前环境下企业的处境，因为在目前的三重压力下，许多企业开始思考和布局自己的第二增长曲线。

英国管理思想大师查尔斯·汉迪2017年出版的《第二曲线：跨越"S型曲线"的二次增长》这本书，直到今天还有很强的影响力，这是因为第二曲线为我们提供了一种跨越周期的思想方法。查尔斯·汉迪认为，大自然和人类社会组织大多有一个成长、鼎盛、衰落、结束的周期，如果在鼎盛到来之前能开启第二条增长曲线，就可以安全跨越周期。

但开启第二条增长曲线是一件知易行难的事，因为人们在成长舒适区里很难去对未来进行投入。这让我想起小学时读过的课文《寒号鸟》。喜鹊提醒寒号鸟去垒窝过冬，寒号鸟说："傻喜鹊，别啰唆。天气暖和，得过且过。"当夜晚寒风来临，寒号鸟难受了，"哆啰啰，哆啰啰，寒风冻死我，明天就做窝"。查尔斯·汉迪先生多像那只喋喋不休的喜鹊，一些企业领导的行为却有点像寒号鸟。

中国的企业家比较早就注意到第二曲线理论，因为它很契合中国人居安思危的传统文化，张瑞敏先生就很推崇第二曲线。中国企业管理界和中国企业家，还融合企业发展中的一些创新要素，形成了有中国特色的第二曲线的实践和理论。本辑《决策之道》收录的正是其中的一部分，比如，我基于中国建材工作经历总结的"第二曲线"经营观，所谓"看着一个，吃着一个，还得备着一个"，以及判断新业务的"四问""四不做""四要"。比如，山东高密的豪迈集团，多元化发展相当成功，董事长张恭运先生的经营之道很独特，依靠常识的力量就干成了四项隐形冠军。比如，知名的扫地机器人品牌科沃斯的创始人钱东奇先生，60岁二次创业，创造新品牌添可，5年内业务规模翻10倍、利润翻20倍，年营收超百亿元，其中的心法也很值得学习。

不只是国内企业，国外企业同样有丰富的第二曲线实践。微软为什么能够再一次押宝成功，借着人工智能的力量重回浪潮之巅？CEO纳德拉有什么神奇魔法？硅谷当红企业之一Netflix是怎么甩开旧业务的包袱，成功转型为流媒体巨头的？这些互联网业界的焦点问题，《决策之道》也精选内容进行了深入讨论。总之，我和《决策之道》希望以此引发企业家更多的思考和归纳，使第二曲线的理论和实践在中国发扬光大。

正和岛的《决策之道》我每辑都看，和一些财经刊物不同，它不是给大家提供一些内幕消息，而是在企业的重大方向性选择和企业家思想指导等方面进行讨论，这对处于不确定性环境中的企业和企业家尤为重要。从2023年起，《决策之道》的重心会放在案例上，“理性地判断，建设性地表达”，将帮助企业家发掘企业标杆，传播优秀企业和企业家的独到价值。企业和企业家有了更多优秀同行作为参考，打造第二增长曲线就更能坚定、持久。

衷心祝愿《决策之道》越办越好。

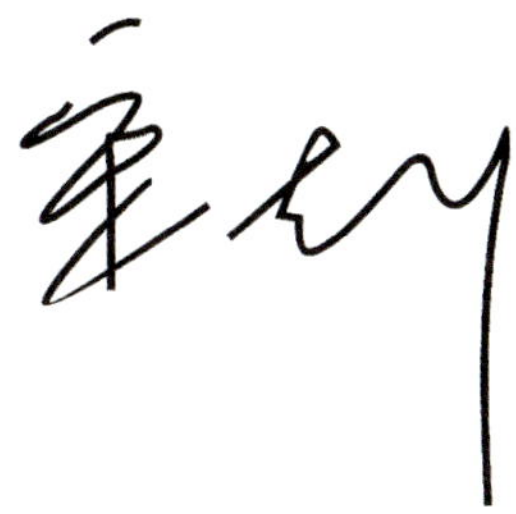

目录

读书 READING

扫描二维码
加入《决策之道》共读会
一起讨论，分享笔记、收获

大势 TRENDS

世界走到十字路口，民营企业家何去何从？

王林　独家讲话

民进中央经济委员会副主任
正和岛首席经济学家

2023年3月26日，以“高韧性时代”为主题的“2023企业家新年大课暨正和岛千企助桂发展行”在广西南宁举办，民进中央经济委员会副主任、正和岛首席经济学家王林在现场发表主题为《探索与选择》的演讲。高韧性时代下，民营企业和民营企业家该如何面向未来？这场演讲凝聚了王林的思考与回答，本文为演讲精编。

习近平总书记在党的二十大报告中提出三个“之变”、两个“前所未有”：“世界之变、时代之变、历史之变正以前所未有的方式展开”“人类社会面临前所未有的挑战”。总书记的结论是，“世界又一次站在历史的十字路口”。

在这个时候，我们就要思考一下中国“向何处去”。既然“站在十字路口”，我们应该探索怎样的道路？怎样追寻灿烂的未来？我想从几个方面来谈一下我的思考。

没有民营经济，就不可能实现“两个一百年”

第一个是理论上的探索：党的理论到底是不变的还是发展的？

显然，马克思主义是发展的，是始终指导前进方向的。恩格斯在整理出版马克思的《资本论（第三卷）》之后，曾非常感慨地说，“我们的理论是一种历史的产物，它在不同的时代具有完全不同的形式，同时具有完全不同的内容”。

现在，中国社会上有某些居心叵测的人对民营企业家群体进行抹黑，说民营企业家是资本家，“资本的每个毛孔都滴着血”。对这样的说法，我们是不是应该做一些理论判断？事实上，在新时代里，党把民营企业和民营企业家纳入

“自己人”的范畴，就是马克思主义与时俱进、进一步中国化的又一科学发展。

回顾历史可以看到，整个中国革命和新中国建设的进程都是“马克思主义中国化”的进程。

毛泽东同志曾说，“十月革命一声炮响，给我们送来了马克思列宁主义”“走俄国人的路——这就是结论”。之后，我们的革命走过一段弯路，也想首先攻取大城市，再夺取全国革命胜利，但屡次遭遇失败。再后来，党的第一代领导核心毛泽东同志把“马克思主义中国化”归纳为一个重要的战略：在中国必须走“农村包围城市”的道路，最后夺取革命胜利。毛泽东同志这一“马克思主义中国化”的理论创新最后变成了伟大的实践，即1949年新中国的诞生。

邓小平同志在“马克思主义中国化”方面也做出了卓越探索。有人曾说，没有小平也会有中国的改革开放。这种说法是完全不负责任的。张爱萍同志曾说过一句话：讲这些话的人太轻巧了，当时要拨乱反正多么困难，如果没有小平同志，很难有人能有这样的政治魄力。

当时的中国是什么局面？当时流行的是所谓“一句顶一万句，句句是真理”，但小平同志提出来，中国要改革开放。当时也有很多不同的意见，但小平同志非常务实地说：“不搞争论，是我的一个发明。不争论，是为了争取时间干，一争论就复杂了，把时间都争掉了，什么也干不成。不争论，大胆地试，大胆地闯。”并且，小平同志指出，“贫穷不是社会主义”，我们的马克思主义就是要把无产者变成有产者。这是小平同志对“马克思主义中国化”的重大贡献。

2018年5月4日，习近平总书记则在纪念马克思诞辰200周年大会上提出，“我们要坚持用马克思主义观察时代、解读时代、引领时代，用鲜活丰富的当代中国实践来推动马克思主义发展”。在2023年全国政协民建、工商联界委员联组会上，习近平总书记更

不争论，是为了争取时间干，一争论就复杂了，把时间都争掉了，什么也干不成。不争论，大胆地试，大胆地闯。

如果没有民营经济，我们就不可能实现“两个一百年”的奋斗目标。

强调，党中央始终坚持“两个毫不动摇”“三个没有变”，始终把民营企业和民营企业家当作自己人。

在党的领导下，中国的经济发展是非常显著的。1952年，中国的GDP是679.1亿元，1978年是3678.7亿元，2022年则达到121.02万亿元，民营经济在其中起了重大的作用。我们常讲民营经济的“56789”，即中国经济中，民营经济贡献了50%以上的税收、60%以上的GDP、70%以上的技术创新成果、80%以上的城镇劳动就业、90%以上的企业数量。显然，民营经济在中国是一支强大的经济力量。

从表1可以看出：2012年国企贡献税收30.7%，民企贡献将近50%；到了2021年，国企占比为24.7%，民企占比已经接近60%。这就是为什么党中央认为民营经济是坚持和发展中国特色社会主义的重要经济基础和我们党长期执政必须团结和依靠的重要力量。如果没有民营经济，我们就不可能实现“两个一百年”的奋斗目标。

表1 近年来主要年份国有企业、民营企业、外资企业税收占比数据

企业类型	2012年	2015年	2020年	2021年
国有企业	30.7%	31.7%	24.3%	24.7%
民营企业	49.7%	50.1%	59.7%	59.6%
外资企业	19.6%	18.2%	16.0%	15.7%

资料来源：国家税务总局历年税收月度快报

在高韧性时代，我们绝不在压力下脆断、退缩

第二个探索是：在经济战略上，我们究竟是被动发展还是主动发展？

这里要讨论一个重要的概念——全球化。关于

全球有两个概念：一个是全球性，另一个是全球化。全球性是社会学概念，而全球化是政治学概念，其背后隐含着以谁为标准、谁来推动的问题。现在，我们可以很明显地看到，以西方为代表的势力所推动的全球化，底层是要素和商品的全球流动，而其要达到的目的也包括在上层进行政治变革。我们当然不会依据西方所要求的那样进行经济基础变革，接着搞多党制，推广西方那套“普世价值”。

我们从古以来，就有埋头苦干的人，有拼命硬干的人，有为民请命的人，有舍身求法的人，……这就是中国的脊梁。

习近平总书记在2023年全国政协民建、工商联界委员联组会上指出，以美国为首的西方国家对我国实施了全方位的遏制、围堵、打压，给我国发展带来前所未有的严峻挑战。从我有限的视野来看，总书记从来没有这么尖锐地批评过西方国家。可以说，现在我们面临的挑战非常严峻，要准备迎接惊涛骇浪的考验。但在高韧性时代，我们的韧性就是绝对不在压力下脆断、绝对不在压力下退缩，这是我们的底线。我们要的全球化，一定是上层建筑不被西方同化、国家主权不受侵犯。

现在我们已经清楚地认识到，俄乌冲突本质上是一场“代理人战争”。普京曾说，俄乌两国的谈判早在2022年4月就已经开始了，是谁中止的？是美国。当时泽连斯基都同意谈判了，但突然又不谈了。为什么不谈？美国不同意谈。西方国家还将大量的轻武器、战术武器运到乌克兰，却不提供重武器。为什么？就是要把俄罗斯耗在战场上。美国甚至已经公开表态，俄罗斯是严重的威胁，中国是最重要的竞争对手。如果美国通过俄乌冲突把俄罗斯拖垮，那么下一个目标就将是中国。

在这样的局面下，中国和俄罗斯的联系就变得非常重要。2023年3月，习近平总书记访问俄罗斯，在会见俄罗斯总统普京时强调，中国历来奉行独立自主的外交政策。把中俄关系巩固好、发展好，是中方基于自身根本利益和世界发展大势作出的战略抉择。

从企业界来看，2022年，华为、百度、京东、腾讯、中兴等企业都和黑龙江省签署了深化战略合作协议。这些站在科技产业前沿的头部企业看到了什么？它们到底是"闯关东"，还是"闯关东"加上"闯远东"？如果中俄达成合作开发外贝加尔地区的协议，那么我们在东北方向将拥有更大的发展空间。如果中俄两国真正结成战略合作关系，这将会是世界上最大的区域内循环。美国最大的目标就是在亚太地区实现美国式全球化，但只要中俄站在一起，它就无法达到目的——中国有全球最大的市场、最全的产业链，而俄罗斯在能源、矿产和粮食等方面可以与中国形成非常强的互补效应。

民营企业家应争当中国的脊梁

第三个探索是：在科技上，我们到底是跟随西方还是自主创新？

客观地说，中国过去主要是跟随西方科技发展的道路，虽然在创新上做了很多工作，但也遇到了很多问题。现在摆在我们面前的非常紧迫的任务是加快创新的速度。

工业革命以来，人类历史可以分为四个时代——蒸汽时代、电气时代、信息时代、智能时代（见下页表2）。我们往往把信息时代和智能时代混淆，其实它们是不一样的。智能时代，也就是人工智能革命，从2010年前后开始爆发，这一轮革命的引领性技术就是人工智能。

对人类而言，人工智能可能带来严峻的挑战，是"生存还是毁灭"？霍金认为，"当人工智能发展完全，就将是人类的末日"。他为什么这样说？因为人工智能已经开始有了自己的思想。但是，从积极的一面来看，人工智能是非常棒的科技突破和发现：

2022年11月30日，ChatGPT发布；

未来不是预测出来的，而是创造出来的。

表2 四次工业革命与时代划分

阶段	时代	主要标志	对生产、生活产生的深刻影响
第一次工业革命 1760s—1850s	蒸汽时代	蒸汽机的发明及广泛应用	蒸汽动力替代手工劳动力，生产方式机械化，居民出行半径扩大，城市化进程开启
第二次工业革命 1870s—1920s	电气时代	电力的发明及广泛应用	电力、内燃机的推广进一步提高了生产力，家用电器极大地提高了生活水平，电话的发明极大地提高了通信效率
信息技术革命 1950s—2000s	信息时代	电子计算机和互联网的广泛应用	计算机的发明使得科技革命从体力替代迈入脑力替代，互联网极大降低了信息获取成本，全球化进程加速，人类生活水平大幅提升
人工智能革命 2010s至今	智能时代	ChatGPT等AIGC及智能机器人的广泛应用	人工智能将在很大程度上替代重复的脑力劳动，进一步解放人的生产力和创造力，智能机器人的广泛应用将进一步提高生产效率，丰富人们的生活、休闲、娱乐方式

2023年2月2日，OpenAI推出订阅版本ChatGPT Plus；

2023年3月15日，OpenAI正式发布升级后的GPT-4。

GPT-4有多强？OpenAI总裁兼联合创始人格雷格·布罗克曼用纸和笔画了个网站示意图并传递给GPT-4，它只用两秒钟就生成了网页代码，制作出与示意图几乎一模一样的网站。

我再讲一个有趣的事情。有人对GPT-4进行人机对话测验：

人：2+4=?

GPT-4：2+4=6。

人：不，2+4=7。

GPT-4：谁说的？

人：是我妻子说的。

GPT-4：根据数学的方法，2+4=6，你妻子算的是错的。

人：我妻子从来不会错。

GPT-4：根据数学的原理，2+4=6，但这只是数学的原理，至于是不是等于7，要看您对妻子的尊重

不把眼光放在运营的细枝末节上，而是从系统、时代、周期去理解商业、寻找机会。

程度。我们机器可能会犯错误，如果您的妻子坚持2+4=7，我们也不反对。

这是什么概念？它会思考，脑子会转弯，多高的情商！

爆发式的科技革命即将来临，民营企业家是"躺平"还是拥抱未来？我们该怎么选择？我认为，正和岛是具有正能量的企业家平台，带给岛上企业家的全是信心。

第一，今天的民营企业家应该争当中国的脊梁。

我非常赞同鲁迅先生的话，他说："我们从古以来，就有埋头苦干的人，有拼命硬干的人，有为民请命的人，有舍身求法的人，……这就是中国的脊梁。"而今天，民营企业家应该争当中国的脊梁！

第二，企业家要致力于攻克"卡脖子"工程，建立现代产业链。

我们在科技上要致力创新，创造未来——未来不是预测出来的，而是创造出来的。进一步说，我们可以选择两种策略：一是"创造性活动"，也就是"从0到1"；二是"适应性活动"，也就是"从1到N"。二者最大的区别就是你要当定价者还是受价者。

在这一点上，华为堪称企业的榜样。遭受制裁的几年以来，华为已经完成了13000多颗器件的替代开发、4000多个电路板的反复换板开发。2022年华为研究经费达到238亿美元，任正非说，"随着我们的利润增多，在前沿探索上还会继续加大投入"。2023年2月28日，华为在深圳坂田基地举行"突破乌江天险，实现战略突围——产品研发工具阶段总结与表彰会"，要向EDA（电子设计自动化）软件进军，打破西方垄断，这是非常了不起的。

第三，企业家要少一些"象棋思维"，多一些"围棋思维"（见下页图1）。

我们常下两种棋，一种是象棋，一种是围棋。象棋

图1 “象棋思维”与“围棋思维”

包含大量战术动作：下一步，吃一个子，又下一步，又吃一个子，永远是小步前进。下围棋，讲究的则是决策者的眼光博弈、领导者的远见比拼。我非常希望企业家能多一些“围棋思维”，重视战略上的布局。

举个例子，当年BAT（指中国互联网企业三巨头，即百度、阿里巴巴、腾讯）面对云计算时，判断是截然不同的。李彦宏说，云计算是忽悠；马化腾说，搞早了、不要搞；马云说，这就是我们要做的，马上要做！甚至在阿里云被当成纯烧钱项目，团队都要解散的时候，马云还是坚持要投100亿元。结果是什么？在这场云计算博弈中，阿里云做到了世界第三、亚太第一。

在战略布局上，我们不能不佩服马云。他一直在讲，阿里巴巴今天做的所有决策都是为了七八年以后的战略布局。

“望环宇，将红旗高举，直上云中”

最后，我想讲一讲企业家现在要思考的问题——我们到底是追求经营性增长，还是追求结构性增长？

经营性增长偏向于战术层面，但当你不管怎么努力都不再增长，不管怎么做都只是内卷，这就意味着已经遇到了结构性问题。结构性增长则是不把眼光放在运营的细枝末节上，而是从系统、时代、周期去

战略的终极要义不是“以过去推导未来”，而是“以未来推导现在”。

一往无前，万难不屈，偏向悬崖攀绝峰。

理解商业、寻找机会。

这就是说，战略的终极要义不是“以过去推导未来”，而是“以未来推导现在”。太多企业“以过去推导未来”——过去做成了，以后还要这样做——这就错了！

只有于高山之巅，方见大河奔涌；于群峰之上，更觉长风浩荡。2023年，我们路在脚下，心在未来。最后，我要把几句诗词献给正和岛岛亲：

愿耿耿丹心，耀如赤日；
铮铮硬骨，强似苍松。
一往无前，万难不屈，偏向悬崖攀绝峰。
望环宇，将红旗高举，直上云中。

编辑：米丽萍、王夏苇

伤疤需要时间愈合

——我对经济态势的判断与展望

未来3—5年，中国经济会是怎样的发展趋势？企业家该如何看待企业发展的宏观环境？近期，正和岛副总编辑林定忠专访清华大学五道口金融学院副院长田轩教授，一同探讨中国经济的走势、企业家的信心、如何助推企业创新等话题。本文为访谈摘录。

田轩　独家访谈

清华大学五道口金融学院副院长

孙玉　批注

新疆国际大巴扎文化旅游产业有限公司董事长

清华大学五道口金融学院EMBA校友

林定忠　采访

正和岛副总编辑

“我非常看好中国经济的未来”

林定忠：目前，中国经济的“三驾马车”，无论是外贸、投资还是消费，客观来说都面临着比较严峻的形势。未来3—5年里，您认为中国经济的突破口在哪里，发展形势是怎样的？

田轩：我是偏乐观的，从长期来讲是非常看好中国的，当然，我们短期内也会遇到一些困难。我认为主要是之前3年的新冠疫情对经济增长和市场信心有很大影响，恢复是需要时间的。

经济学上有一个词叫“疤痕效应”，3年的冲击是一场时间足够长的冲击，得有一个恢复过程——就像人体身上的伤疤一样，需要慢慢去愈合——国家、市场、企业和个人的资产负债表都需要慢慢去恢复，不太可能在疫情防控政策放开之后就有一个V形反转，而是会像U形一样慢慢恢复，所以我想不用太着急。中国有完备的工业体系、广阔的市场空间、完整的供应链和产业链，还有非常便利的基础设施以及巨大的市场需求。最重要的是，中国老百姓勤劳又执着，对美好生活有向往，对财富、生活质量有追求，这是中国经济长期向好的基础。（见下页批注①）

当然，中国经济现在确实遇到了一些困难，外部问题是逆全球化以及某些大国单方面制造脱钩等；内部问题是中

孙玉 批注①：

做企业要看长期趋势，用发展的眼光看未来。我看好中国经济的长期发展趋势。

中国改革开放 40 多年来，粗放的发展曾经推动经济高速成长，今天我们必须转换发展思路——科技进步、文化复兴是未来发展的主动力。

就文化旅游企业来说，未来的发展一定是要创造出具有中国人文特色的独立IP才能让企业长久繁荣。过去那种粗放的、“看一看”的观光文旅，未来肯定是难以为继的，能够和消费者产生共鸣、变成人们文化消费的一部分的文旅产品才有存在的理由。

国面临着长期人口红利的消失，以及一些短期的市场信心问题、房地产问题等。

总之我认为，要推动经济增长，短期靠提升内需，修复市场主体和老百姓的信心，扩大需求，刺激经济；中长期靠的是创新以及高效率的投资。

林定忠：最近的经济学界，例如林毅夫和滕泰两位经济学家，关于要不要刺激消费以及怎样刺激消费是存在一些争议的，您怎么看？

田轩：我不完全同意“刺激消费”这个词，我认为短期内消费不是要刺激，而是要提振。

第一，要让老百姓有钱花。对老百姓来说，最重要的就是解决就业问题，2023年1—2月16—24岁人口调查失业率为18.1%，还是很高的。

第二，要让老百姓敢花钱。老百姓为什么不敢消费？摆在面前的就是经济预期和信心问题，还有对未来教育、医疗、养老和房产的担忧等，这几个问题如果不妥善地解决，老百姓就不敢花钱，会把钱存起来，推高储蓄率。

第三，要让钱能够有地方花。要从供给侧上升级，把需求的场景扩大，从而让老百姓的消费升级。

把短期、中长期，供给侧、需求侧这几块都做好的话，我认为是可以做到提振消费的。如果靠单纯的经济刺激手段，如直接发钱，可能效果不会特别好。美国等一些国家和地区是直接发钱，因为它们的民间流行信贷消费，发了钱，人们马上就能还信用卡欠款，或者交房租、水电费，它们是确实需要发钱的。但中国不是这样，老百姓还是习惯储蓄，真的直接发钱，钱可能就被存起来了。

“我不认可‘民营企业家退场论’”

林定忠：您刚才提到就业，其实如果经济增速提高了，很多企业都会需要人手，可能就会把就业问题解决。有数据显示中国企业的投资下降得较明显，同时居民储蓄率明显上升，资金的流动是有问题的。在这样的情况下，该怎么解决企业再投资的问题？

政策上需要有连续性、稳定性和一致性，才能给市场形成连续、稳定、一致的预期。

田轩：我觉得主要还是经济预期和信心的问题，的确，现在市场主体的预期转弱，私人部门的投资是在下降的，政府投资是在上升的，要恢复经济的话，应该大力鼓励私人部门来投资。

3年的新冠疫情对企业影响很大，尤其是很多中小企业没有挺过来。即使挺了过来，它们的资产负债表、业务和发展也受到了很大影响。所以我认为，提振企业家的信心是非常重要的，尤其是提振民营企业家的信心。

我们的政府应该做的事情就是优化营商环境，把政府和市场的边界搞清楚，这是经济学上一个老大难的问题，全世界都存在。市场是有效的、可以自发运行的，但市场也有失灵的时候，比如公共品、市场机制、价格机制没有办法自己调节的时候，就需要靠政府来调节；保障法治、惩处违法违纪的市场行为，也需要政府来处理。在实践中，各个国家会存在到底是大政府、小市场，还是大市场、小政府的不同选择。

经过这么多年的探索，我认为中国政府与市场的关系还有改进的空间。对于地方政府而言，其实就是要做好服务，优化营商环境，让市场更有效地运行，不要过度干预市场。现在民营企业投资下降，其中很重要的一个原因就是营商环境可能不太理想，政府提供的相关服务还不是特别到位，有些地方可能干预得过多。政府这只“看得见的手”和市场这只“看不见的手”的配合边界还不是特别清晰。从宏观上讲，政策上需要有连续性、稳定性和一致性，才能给市场形成连续、稳定、一致的预期。假如一些政策“画大饼”，那对市场主体的预期和信心肯定是不利的。

林定忠：关于民营企业和民营企业家的信心问题，我们的政府强调过“两个毫不动摇”，但也有一些人提出民营企业未来可能要退场，所谓“民营企业退场论”在民营企业家中造成了较大的影响。您对此怎么看？您如何看待民营企业对未来中国经济发展的作用？

田轩： 中央反复强调“两个毫不动摇”，就是因为社会上可能有一些舆论会动摇“两个毫不动摇”。

客观来讲，民营经济在中国经济发展中起了非常重要的作用，而且中国深化市场经济发展的趋势是不可逆的。发展市场经济，最重要的就是给各个市场主体一个自由竞争的平台和空间，发挥企业家的聪明才智，让他们自发地去追求企业利润和市场份额，在这个过程中实现资源的有效配置。

孙玉 批注②：

> 信心不是说出来的，而是做出来的。
>
> 从营商环境的角度看，我认为，对于民营企业，一是要有一颗真诚的心，不要歧视，要给予支持、鼓励、引导；二是要有包容心，允许民营企业家存在一定的不足；三是要建立公平公正的法治体系，维护民营企业家的合法权益，让大家敢想敢干。
>
> 从民营企业家自身的角度看，无论外部环境如何变化、多么艰难，我们还是要秉持坚定的信念，多找自身原因，对企业有更高、更远的追求，努力把企业办得更好，把企业塑造成推动社会文明进步的中坚力量，这应该是民营企业家的基本素养。

我经常讲，企业家是一个特殊的群体，他们是特殊材料做成的，商学院可以培养企业管理者，但没有办法培养企业家或者创业者。企业家精神是培养不了的，因为企业是通过他们自发的想象力和决断力、对冒险的追求和对风险的承担构成的一种综合体，他们通过对市场的敏锐判断、对创新灵感的捕捉以及自己的实践来带动企业发展，这种人是不守常规的。民营企业家正是因为有了非同一般的想象力、决断力，才创造出了无数企业，促进了经济的发展。

民营企业家和企业家精神是我们社会的宝贵财富，“民营企业家退场论”是我不能认可的。中央提出的“两个毫不动摇”的精神非常明确，就是大力发展民营经济、非公经济。

“创新需要‘耐心的资本’”

林定忠： 研究表明，资本市场越发达，企业的创新能力就越强，因为资本跟其他要素结合会更高效。您认可这个规律吗？中国在这一点上是不是做得还不够好？

田轩： 这个规律我无比认可，因为这就是我做的研究。我研究了32个国家的样本，发现一个经济体的股权市场越发达，平均来说，创新水平就越高；债券市场发达的话，创新水平就比较低。对于那些资本依赖型、资本密集型的产业和外部融资依赖型的产业来说，尤其如此。

要真正地激励创新，就应该大力发展股权市场，建立多层次的资本市场。

这个逻辑很简单：股和债是企业融资的两个最重要的抓手，但股和债的支付结构是不一样的。债的支付结构是“封顶”的，说白了，投资者买企业的债券相当于借给它钱，比如今年买了某企业100万元的债券，约定利率为6%，企业明年就返还106万元，企业创新做得再好，赚再多的钱，跟投资者都没关系。股票的逻辑不一样，投资者买了某企业的股票且一直持有，随着企业的创新成功、市值增长，投资收益是可以同比例上升的，投资者可以一直享受企业的发展红利，所以，股的支付结构“上不封顶”。

因此，作为债权人，最关心的往往是能不能把106万元拿回来，自然而然是不鼓励企业创新的，因为创新周期长、风险大、失败率高，收益也具有很大的波动性。放大到一个国家来看，如果债权市场比较发达，就是不太鼓励创新的。相对而言，对于股权人来说，持有一家企业的股票，如果企业创新失败，股权投资同样会失败，但也只是有限责任，比如投资100万元，大不了100万元全打水漂，股权人的其他个人资产不会受影响；但一旦企业创新成功，股权人就能够成倍、几十倍甚至上百倍地享受收益，所以，股权人自然而然就会鼓励企业进行创新。放大到一个国家来看，逻辑也是一样的。

受历史原因影响，中国企业融资中百分之七八十是债权融资，中国工商银行、中国农业银行、中国银行、中国建设银行、交通银行等几大国有银行是企业融资的主体，企业直接融资不够。如果我们要真正地激励创新，就应该大力发展股权市场，建立多层次的资本市场，这样才能更好地激励长期创新。

林定忠：您曾提过中国要转向创新驱动型经济，以后的市场可能需要一些更有耐心的资本，这一点怎么理解？

田轩：我们原来是要素驱动型经济，靠着大量便宜的人力、土地甚至以环境污染为代价来支撑经济高速度发展，但现在我们要高质量发展、要创新驱动发展。创新最重要的特点是周期长、不确定性大、失败率高，尤其是前期的投入非常大，所以我们要想激励创新，就需要我经常说的“耐心的资本”，英文叫deep pocket，即能够支持长期创新的钱。

这样的资本在什么地方呢？在机构投资者手上。美国1945年有了第一家风险投资机构，到现在已有将近80年的历史。为什么风险投资机构相对来说可以叫作“耐心的资本”？一个很重要的原因是，风险投资机构背后的出资人叫LP，就是有限合伙人，它的构成绝大多数都是机构投资者，而且都是长期的，比如退休基金、养老基金、股权基金、大学的捐赠基金等。它们追求的不是短期回报，而是希望有长期稳定的现金流。所以美国风险投资的存续期一般是10—12年，它们能够投资相对早期的项目，慢慢支持创新。

中国在风险投资领域起步比较晚，大约从1993年开始有国外的风险投资零星进入中国，而且中国的风险投资基金的存续期相对来说比较短，一般是3—5年，最长的是7年。为什么存续期短呢？主要因为我们的LP绝大多数都是个人，不是机构。

所以，风险投资是激励创新的主要推动力，中国要发展创新驱动型经济，就要大力发展风险投资、早期投资。机构投资者不能只依据经济或股市波动的影响做短期投资决策，要有“耐心的资本”做长期投资，关注长期回报，帮助企业进行长期创新。

孙玉 批注③：

“快钱”时代已经退去，企业未来要想“守得住发展”，就要能“耐得住寂寞”。

创新是企业可持续发展的源动力，也是企业家精神最根本的展现，这需要企业保持定力，始终回到为客户创造价值的原点上，研究需求与趋势，扎扎实实、创新性地打磨产品和服务，解决客户的深层需求，给他们带来惊喜。

创新是个慢变量，当下的环境对企业家有了更高的要求，一方面企业要保持生存发展，要有足够的现金流；另一方面还要能够不断坚持和投入创新。但无论面临怎样的挑战，用创新驱动企业成长是企业家的唯一选择、使命所在以及终其一生的课业。

编辑：米丽萍、王夏苇

有时忽然就想，索性义无反顾。
登上一列火车，管它开往何处。
插画摘自 @ 老树画画

CASE 案例

我的“第二曲线”经营观

宋志平 撰稿
中国上市公司协会会长
中国企业改革与发展研究会会长

在中国经济的换挡升级期，企业究竟该如何破局、找到延续增长的道路，成为横亘在许多企业家心头的忧思。宋志平是央企少见的“双料董事长”，在他的带领下，中国建材集团、中国医药集团总公司双双进入世界500强企业行列。在宋志平眼中，这两家企业的业绩之所以快速增长，奥秘主要在于抓住了两个关键词：一个是改革，另一个是创新。人人都知道创新很重要，在实际经营中却容易陷入“创新，找死；不创新，等死”的怪圈。企业应该如何有效地创新？怎样以创新找到企业增长的“第二曲线”“第三曲线”？不妨听听宋志平的看法。

创新是什么？这是一个问题。创新的目的是什么？这是另一个问题。

约瑟夫·阿洛伊斯·熊彼特是西方著名经济学家，他在1912年出版的《经济发展理论》中提出创新是建立一种新的生产函数。也就是说，把一种从来没有过的关于生产要素和生产条件的新组合引入生产体系。而诺贝尔经济学奖获得者埃德蒙德·菲尔普斯认为，创新就是要在我们头脑中思考和形成更好的做事方式，或者是一件可以做得更好的事情。

我们现在为什么需要谈创新？20年前创新是个新名词，现在是一个老生常谈的话题了，但又是每家企业、每位企业家都必须认真研究的重要课题。我们现在不仅面对着三重压力，还面对着国际上的贸易摩擦等难题。许多关键的“卡脖子”核心技术必须突破，不然企业就要面临生死存亡。我们还有加快建设世界一流的目标，因此可以说创新和转型是当前中国制造的一个首要任务。

“看着一个，吃着一个，还得备着一个”

创新很容易颠覆过往许多看似牢不可破的东西。

哈佛大学商学院教授克莱顿·克里斯坦森在其著作《创新者的窘境》中讲到，如果过分看重管理，管理层所做出的合乎逻辑和强有力的决策，可能会使得他们失去领先地位，原因是领先企业往往太注重现有客户和市场，对原有技术路径过于依赖，在突破性技术来临时可能与之失之交臂，所以不重视创新就可能会被颠覆。

对企业尤其是大企业来说，最害怕的就是产品或者技术被颠覆。

在胶卷时代，国外有柯尼卡、柯达、富士等著名品牌，国内有乐凯。在柯达研发出数码技术后，乐凯围绕着到底要不要开设更大规模的胶片生产线的问题，请了大量专家研究数码技术究竟意味着什么。

柯达的人不相信数码技术的未来，乐凯的人也不信，因为当时数码相机只能达到100万、200万像素，索尼用数码技术生产的袖珍相机看起来似乎只是一个好玩的东西。最后大家达成一致看法：数码相机不行，小孩当玩具玩儿可以，用来照相的话不可能取代胶片相机。因为胶片技术是卤化银成像技术，有多年的历史，技术已经非常成熟了。

于是，乐凯又引进了一条更大规模的胶片生产线。后来，数码相机的像素越来越高，连手机也能有几千万像素，而且简单易操作。乐凯就这样很快被数码技术颠覆，后来被另一家央企收购了。

这就是变化。企业应该关注身边的变化。如果你跟不上变化，不进行创新，就有可能被颠覆掉。**企业不能坐等新的技术突破的出现，采取一成不变的技术战略是不明智的；相反，企业需要主动出击。**

那么，企业该如何应对颠覆性创新的浪潮呢？我的观点是：看着一个，吃着一个，还得备着一个。管理学中有一个理论叫作“第二曲线”。产业发展有生命周期，任何一条增长曲线都是先升后降的抛物线，一项业务做到高点就会衰退，这时应该开启另外一

创新很容易颠覆过往许多看似牢不可破的东西。

项业务跟上去，在拐点出现之前开始一条新的增长线，从而实现持续增长。

企业觉得日子过得很舒服的时候往往已经过了高点，开始往下走了。比如，中国的水泥产量已经往下降，所以，对中国建材这样的企业来说，“第一曲线”就是做好现有产业的结构调整和升级，不断提质增效、持续性创新，从而创造效益。“第一曲线”高点越过后开始往下走，该怎么办呢？就要思考“第二曲线”。中国建材的“第二曲线”是什么呢？大力发展新材料、新能源等新兴产业。“第二曲线”将来也会下降，中国建材又做了“第三曲线”，发展新业态，即积极探索服务业，不断培育新的经济增长点。

一项业务做不做？想想三个原则

选择新业务是企业的一件难事，也是一件关键的事。有的企业能成功，往往是因为选对了一项业务，而不少企业的失败往往是由于始终没有选对业务。做正确的事、做正确的选择是十分不易的，常让人陷入迷思，但又必须得行动。经常有人问我某项业务要不要做，我说有三个原则，分别是“四问”“四不做”“四要”。

1.“四问”

一问：在行业里企业自身有没有优势？企业要进入的领域应该符合企业的战略需要和自身条件，要能结合技术、人才、管理等优势，形成足够的业务驾驭能力。企业在选择新业务时，应选择那些与现有核心业务相关的产业和产品，以提高新业务成功的概率。比如，中国建材之所以进入铜铟镓硒薄膜太阳能电池领域，是因为在玻璃领域具备强大的技术优势，而太阳能电池是玻璃的衍生品。

二问：市场是不是有空间？企业即将进入的市场要有足够的容纳度，能为企业的业务成长提供支撑，

太注重现有客户和市场，对原有技术路径过于依赖，在突破性技术来临时可能与之失之交臂。

企业即将进入的市场要有足够的容纳度，能为企业的业务成长提供支撑。

若市场太小甚至几近饱和就不宜进入。中国建材是第一家做出光纤石英棒的企业，一根石英棒能拉出几千公里的玻璃丝，这看起来是一个大生意，实际用量却很小，一年的石英棒用量也就能实现40亿元的销售收入。整个市场就这么大，因此像中国建材这样的大企业就不适宜做石英棒这样的项目。中国建材需要像海洋般广阔的市场，有足够的容纳空间，比如水泥这样的建材大行业。

三问：商业模式能不能复制？星巴克、肯德基、麦当劳等企业的商业模式都可以复制，但是烤鸭店的商业模式很难复制，每个师傅烤出的味道可能都不一样。回到水泥业务，对于中国建材来说，要考虑能不能做成1000个水泥厂，能复制就做；如果说只能做成一个，那就不要涉足这项业务了，因为中国建材是做规模的企业。选择能迅速复制的业务，就能更快形成规模。比如，中国建材在山东德州做的智慧农业大棚，就把现代农业与光伏产业结合起来，大棚透光性好，工人还能全方位智能控制种植条件，生产出的蔬果十分喜人，这种模式正在全国迅速推广。

四问：企业与资本市场能不能对接？企业要创造的效益不仅包括产品的利润，还包括资本市场的价值，企业要把产品利润在资本市场放大。

这"四问"想清楚了，就自然过滤掉了一些不适合本企业的业务，从而帮助企业做出更好的业务选择。

2.“四不做”

一是产能过剩的业务不做。产能过剩可以重组，但是不建议再做新业务或建立新生产线。过剩行业正在减量发展，任何企业都不能再盲目增量，而是要在品种、质量、价值链上精耕细作。

二是不赚钱的业务不做。业务能不能盈利，盈利点在哪里，盈利模式是什么，这些问题都必须事先明确。一项业务如果怎么也找不出盈利模式，选择进入时一定要慎重。

三是不熟悉的业务不做。中国建材对生物制药、旅游等与建材没有直接关联的行业不太熟悉，因此就没有做相关业务。这么多年来，中国建材尝试过各种各样的业务，比如房地产业务，建材和房地产还是有一定关联的，但是几次尝试都没有成功。不过，中国建材投资工厂，做建材制造业，就能找到感觉，投资的工厂大多能实现盈利。针对某一项业务，如果企业里没人熟悉情况，没人能做出清晰的判断，做这项业务十有八九会亏损。

一项业务如果怎么也找不出盈利模式，选择进入时一定要慎重。

四是有法律风险的业务不做。不注重法律风险的企业很容易被拖入泥潭，企业不要掺和正在打官司的业务。

3.“四要”

对照“四问”“四不做”，企业对一项新业务能不能做就有了基本判断。那么，这项新业务能不能长久地做下去呢？关键点是什么？在新业务培育发展的过程中，还应牢记“四要”。

一是要评估风险。企业开展新业务必须慎之又慎，其核心就是对风险进行全面评估和考量，明确风险点在哪里，风险是否可控、可承受，一旦出问题，能否进行有效的切割和规避，把损失降到最低。

二是要专业协同。企业在选择业务时，必须小心谨慎，而业务一旦选定，就应交由专业的平台企业去做，按照平台专业化思路，一个平台只做一个专业，突出核心专长。同时，新业务的发展不是孤立的、单一的，要与现有业务产生协同效应，推动企业内部的协作发展，提升产业链的综合竞争力。

三是要收购团队。企业发展新业务可以采用技术重组的方式，不仅收购企业，还要收购其研发团队。这样既可以保持新业务核心技术的稳定性，又可以稳定“军心”。重组技术就要重组团队，重组团队就要收购研发中心，有扎实稳定的基础，有干事创业的队伍，再去做创新就会相对容易一些。中国建材进行技术重组时，保留了被重组企业的技术团队，原技术团队的员工因此干劲十足，出了不少成果。

四是要执着坚守。企业发展新业务不是一朝一夕的事，一定要有执着的劲头、坚守的毅力。要想深入了解一家企业以及企业的业务、产品、技术等，没有10年是不行的；要想做到彻底掌握，运用自如，需要20年；要做到极致，则需要30年或更久。

创新的机遇来自哪里？

创新的机遇无处不在，但又转瞬即逝。敏锐的创新意识来自长期的实践观察，做企业要用心，才能把握机遇。

1.结构调整带来的机遇

每次大的经济结构调整中，总有企业因不适应变化而销声匿迹，也总有企业因敏锐捕捉创新机遇而快速发展。我国经济进入高质量发展的新阶段，企业在供给侧结构性改革、联合重组、技术创新、节能减排、“一带一路”走出去等方面都大有可为。

有人说水泥是好东西，其实石头子和沙子也是好东西，学名叫骨料。毛利率是多少？有50%。中国一年需要20多亿吨水泥，而骨料一年需要200亿吨，是水泥需求量的近10倍。过往这个市场比较无序，很散乱，后来政府对其进行了规范、整合。一个奇大无比的生意，就藏在这调整的过程中。这就是结构调整带来的机遇。

2.市场需求引发的机遇

中国的市场需求正处于持续转型中。我们熟悉的高铁、支付宝、共享单车、网购这“新四大发明”，就是因为满足并挖掘了人们在出行和消费等方面的深度需求而广受欢迎。

中国建材几年前研发出了一款碳纤维折叠电动自行车。这种电动自行车根据个性化需求可以适当减

明确风险点在哪里，风险是否可控、可承受，一旦出问题，能否进行有效的切割和规避，把损失降到最低。

轻重量。我国很多城市都有地铁，但一部分乘客从出发地到地铁口、从地铁口再到目的地往往还有一段距离，使用这种折叠电动自行车可以解决上述出行问题，非常便捷。

3.新知识、新技术带来的机遇

新知识、新技术是企业创新的拉动力，例如，互联网技术就让传统制造业发生了深刻变革。

在一次企业家沙龙活动中，当谈到在互联网时代，企业遇到的最大挑战是什么时，一位知名企业家说是观念和商业模式的问题，以前是B2C，企业的流程是做流水线的统一标准产品，让客户去选，思考的是怎样让客户买产品，比如要买鞋就到商店试穿，选择合适的款式和尺码；但现在讲的是C2B、O2O等，有了大数据、互联网，工厂可以掌握客户的相关信息，数据指导生产。比如鞋厂知道客户的尺码，只要客户需要，鞋厂就能定做。这种思维和模式的改变会带来根本性的变革，改变制造业流程。

当年沃尔玛进入中国，就用为客户提供定制服务的思路改变了许多供应商企业的经营模式和业务流程。互联网企业也引发了中国制造业企业的变革。

4.竞争压力倒逼出的机遇

面对市场竞争压力，企业更需要靠创新来解决各种问题，才能在市场中抢占先机。在竞争压力的倒逼下，企业奋力求生，也可以带来一些机遇。像北新建材做的轻质高强石膏板就是一个例子：过去发泡剂不行，石膏板很重，用石膏板的成本就高，后来工人们发明了新的发泡方法，使石膏板既轻，强度又大，而且节约了大量石膏。只此一项创新，北新建材每年就节约2亿元成本。

每次大的经济结构调整中，总有企业因不适应变化而销声匿迹，也总有企业因敏锐捕捉创新机遇而快速发展。

5.时尚潮流带来的机遇

苹果手机的创新秘诀究竟是什么，我认为它得益于两点。

一是把电脑搬到手机上去。2007年我到美国，那时苹果电脑竞争不过IBM，但发明了iPod，我到苹果体验店去给孩子买了一个，体验店员工告诉我马上要出iPhone了。我问：“什么叫iPhone？”店员说是手机，我就很惊讶：“你们还做手机？也是诺基亚、摩托罗拉的按键式吗？”体验店员工说不是，是平板式的智能手机，还可以当电脑。后来iPhone果真就推出了。

二是把时尚概念引入手机，符合市场流行趋势，满足年轻人的喜好。苹果的营销理念，例如提前发售、让大家排队，这是做奢侈品的打法。而且，iPhone把很多软件应用嫁接进去，构建移动应用平台，让买iPhone成为一种时尚潮流。

企业家总要向前再迈一步

企业的失败往往是因为墨守成规和缺乏创新精神，缺乏创新会葬送企业，努力创新则可能会救活企业。

就企业家来说，企业家不是按部就班做事的人，而是创新的发动机——在大家都在做同一件事时，企业家应该想怎样做另一件事。企业家必须经常与自己的思维定式作斗争，用活跃思想寻找各种商机和可能性，同时也要承担起伴随创新而来的各种压力和风险。

企业家必须经常与自己的思维定式作斗争，用活跃思想寻找各种商机和可能性，同时也要承担起伴随创新而来的各种压力和风险。

当然，创新是不容易的，创新往往是被倒逼的，即使在十分困难的关头，做出新的选择也不容易，每迈出一步都存在不确定性。但我常对大家说一句话：“我们总要向前再迈一步。”企业家要带领企业不断做出积极的调整，探索适合企业自身发展需要的新道路、新模式，不断寻求新增长点和驱动力。

《问道创新》
宋志平 编著
中国财富出版社
2019年11月

《经营制胜》
宋志平 著
机械工业出版社
2021年3月

本文综编自宋志平《问道创新》《经营制胜》等著作

编辑：田兴宇、王夏苇

推荐语

打造价值观引领的隐形冠军

周放生 推荐

中国造隐形冠军评选评委
中国企业改革与发展研究会副会长

我现在专注研究隐形冠军。隐形冠军一般是中小企业，而且是在一个赛道上做到极致的企业，可豪迈集团是走多元化路线，旗下有多个跨产业的隐形冠军。于是，我带着疑问参观了豪迈。

我发现，豪迈的多元化发展，看起来经营的是不同产业，实际上存在一个共性——精细制造。精细制造是不同产业的共性技术，有了精细制造的基础，发展很多产业就有优势了。这是豪迈的第一个特点。

一般的企业要发展一个产业、产品，首先要买设备。豪迈不是这样的，它的底层逻辑是“先生产母鸡，再让母鸡下蛋”。像豪迈这样的企业不太多，这样的企业往往都做得非常成功，能把行业老二、老三甩掉几条街——自己研发的设备不卖给别人，就是独门绝技、核心竞争力，就是技术屏障、护城河。这是豪迈的第二个特点。

很多企业都讲价值观。豪迈的张恭运董事长从创业开始就用自己坚定不移的价值观带领企业，而且把价值观传递给员工。张董有一些自己总结的金句，比如“合伙合作”，这四个字很简单但内涵丰富：一是自愿，二是平等，三是诚信，四是彼此提供价值。我们能看到很多企业内部争权夺利、钩心斗角，内耗非常严重，甚至有说法叫“一个人是条龙，一群人是条虫”，豪迈的价值观可以说打破了等级观念、去掉了传统文化的糟粕。好的企业是价值观型企业，这是我在研究隐形冠军的过程中慢慢明白的，这也是豪迈的第三个特点。

我去德国、日本考察过隐形冠军，发现中国企业和它们的差距不在设备、资金、厂房等硬件上，有些方面我们甚至更好。我们和它们不同的是什么？是价值观。它们崇尚拜技主义、长期主义、工匠精神、专注，我认为这四点是隐形冠军成长的共同规律，中国的隐形冠军也遵循这样的成长规律。豪迈就是这样的隐形冠军。

推荐语

走进豪迈的思考：我眼中的企业多元化

施炜 推荐

华夏基石管理咨询集团合伙人

2023年3月，我和正和岛的朋友们一同走访了豪迈集团。很多一同走访的企业家向张恭运董事长询问企业多元化的问题，这是企业成长中一个很重要、很关键但也充满争议的问题。

企业要不要搞多元化？我们经常看到，一些企业搞了很多产业，但是大而不强，一旦遭遇风浪，就会出现问题，批评者就会说，是因为这些企业搞了多元化，没有专注主业。但是，有时候我们也能看到一些企业长期专注主业，也会有批评者说，这样的企业没有进一步做大，很难进一步做强。我就这个问题谈谈自己的思考。

第一，一家企业是要专注核心业务还是要进行多元化扩张，实际上代表了企业进化的两种方向：一种是企业不去扩大业务范围，而是根植于本行业，不断提升竞争优势，这就是隐形冠军、专精特新的道路；另一种是企业在业务范围不断扩大的同时还不断提升竞争优势，甚至可以说，这样的企业如果不扩大业务范围，则竞争优势可能不容易继续提升。这两种选择归根结底和企业家的气质有关，有人比较喜欢做专精特新、隐形冠军，有人比较喜欢多元化发展。

第二，如果企业要多元化发展，怎么搞？按照管理教科书的理论，有两种多元化：一种是无关多元化；另一种是相关多元化。无关多元化的企业各个产业间没有什么联系，可能一个产业是餐饮，另一个产业是高科技。一般来说，大部分企业都是发展相关多元化。

比如横向相关多元化，即企业的若干产业在产业链上的定位基本相似，就像农牧企业一条业务线养猪杀猪、另一条业务线养鸡杀鸡，这是技术上的横向相关多元化。比如纵向相关多元化，即企业沿着产业上下游延伸版图，就像歌尔声学原来做声学组件，之后往上游发展，做声学元器件，往下游发展，做手机模组。一同走访豪迈的周放生老师把豪迈比作“先生产母鸡，再让母鸡下蛋”，这是向上游发展，也属于纵向相关多元化。比如同心相关多元化，即基于某种核心技术，根据技术应用场景、途径和方向进行多元化，就像基于红外线技术，既可以发展安保设备，也可以发展医疗设备，不同产业、产品建立在同一项技术的基础上，仿佛同心圆一样。

第三，企业什么时候开始多元化发展？这也是个关键问题。我将企业成长分成几个阶段。

第一阶段是创业。第二阶段是机会成长，也就是依托于外部市场机会的成长，这个时期企业内部的核心能力并没有完全建立起来。第三阶段是系统成长，也就是依托于组织能力的成长，这是企业成长得比较好的阶段。在这一时期，企业的主业往往已经在全国甚至全球领先，企业一定有内在的多元化需求——我并不完全认为隐形冠军、专精特新一定是企业的发展方向，更多的是很多企业不得不做的选择，也就是说，企业没有办法、没有能力进行多元化扩张，就专注于某一个领域。第四阶段是分蘖，水稻从根上长起来，分蘖成若干个穗，这就是相关多元化的意思。我认为，中国的优秀企业发展到了一定程度之后，不多元化发展是不可能的，除非企业家没有什么雄心壮志，因为有的企业在行业里占据了市场份额的50%至80%，再不多元化发展怎么办？比如山东的英科医疗，做丁腈乳胶手套做成了全球老大，占据了百分之六七十的市场份额，账上趴着那么多钱，不多元化怎么办？在我看来，企业多元化发展比较好的策略就是经历过系统成长之后再进行多元化。

大家经常谈论查尔斯·汉迪的第二曲线理论，我所讲的多元化和汉迪的理论有一点差异。在汉迪的第二曲线理论里，第一曲线已经像S型一样要往下走了，第二曲线才开始；而我认为，企业的多元化发展可以像一把扇子一样，多条线同时发展，企业能力越强，扇面打开得就越宽阔。

一家县城工厂干成四项隐形冠军的秘密武器

张恭运　独家访谈

豪迈集团董事长

山东高密这个小小的县级市因莫言的作品蜚声海内，在这里，还有一家名副其实的隐形冠军——豪迈。它在公众视野中不算知名，却拥有一家市值200多亿元的上市公司，经营涉及十余个行业，最为业界称道的是在轮胎模具、气门芯等四个领域成为隐形冠军。

豪迈是如何打造出第二乃至第N条增长曲线的？创新文化在豪迈是如何落地生根的？带着问题，《决策之道》2023年春季随着正和岛案例探访走进豪迈，感受其创始人、董事长张恭运独特的经营之道。

豪迈的前身是一个破产倒闭的乡镇企业的维修车间，从1995年起步，当时只有一个500平方米的厂房、34名员工，总资产100万元，负债率96%，没有什么像样的产品，靠承揽零星加工维持生计。经过28年的创业、发展，我们基本实现了企业的稳健成长——新冠疫情3年，豪迈每年以15%以上的速度增长；新冠疫情结束了，成长速度可能会达到25%左右。

时常有人问起来，豪迈靠什么取得了今天的业绩？靠独特的地理资源？靠某项专利、某个产品？还是靠机遇？其实都不是。

多元化发展：为什么？怎么干？

很多专家、学者都认为，企业要聚焦专业化，不要搞多元化，豪迈却多元化发展，涉足十多个领域。这是什么逻辑？

在我看来，中国和发达国家不一样，我们是用40年的时间走过了发达国家200年的历程：它们的市场比较成熟了，往往是上一辈干什么，下一辈还干什么；我们的社会日新月异，无论是从贫穷到富裕的跃升，还是行业周期的更替，都要快得多——市场上某个产品只要一兴起，我们的行业可能很快就饱和了。另外，国家政策对经济的干预、刺激也比较多，这更容易引起市场变化，造成周期缩短。

寻找第二、第三增长曲线，更像是企业生存的本能。

在这样的大环境下，企业的生死兴衰就成了常态，放眼望去，可谓是“十年河东、十年河西”，一批企业站起来、风生水起，一批企业倒下去、偃旗息鼓。企业老板的管理理念、方法如果不能与时俱进，被市场淘汰也不足为奇。所以，老板们必须要有“惶者生存”的理念和“狡兔三窟”的打算：行业饱和了怎么办？遇到强大的竞争对手怎么办？技术迭代了怎么办？政策调整了怎么办……这就必须考虑第二条路、第三条路。我认为，寻找第二、第三增长曲线，更像是企业生存的本能。

豪迈之所以近30年来涉足众多领域且都取得了良好的业绩，很重要的一点就是在第一增长曲线稳定盈利之时，或者说在天花板出现之前，便开始探索第二曲线，当然途径有很多：有时是沿着产业链顺藤摸瓜；有时是根据政策和技术的变迁；更多的时候是看发达国家走过的道路和消费者更深层次的需求——公司经常号召大家，要关注客户之客户的需求，也就是最终消费者的需求，提高市场预判的超前量。

在公司增长曲线的更替中，印象最深的是2002年的一次大辩论、一场战略大转移：

当时，豪迈的主营产品——轮胎模具专用系列机床供需两旺，日子过得很好，但市场需求天花板已经很明显。为了寻求新的增长，我打算不再销售机床，而是用其生产可替代进口的高端轮胎模具。但有人提出反对意见，认为这不符合“做专做精”的经营原则；也有人为了分散风险，支持机床、模具都要做，“东方不亮西方亮”。这三种决策逻辑各有利弊，但相互冲突。

大家意见不一样，怎么办？为了统一认知，达到力出一孔、快马加鞭的效果，我们组织近半数员工，进行了一次经营决策的大辩论，讲明白其中的道理，最后终于达成一致：专心生产轮胎模具。

事后看看，这一场重大决策，换来了公司十几年的高速成长，赢得了世界行业冠军的地位。可以说，这是借助大家的力量，解决了决策层的分歧。也可以说，这次大辩论不仅提升了公司的经营决策水平，更重要的是增强了员工的参与感和工作激情。

也许有人会认为，经营决策是少数人的事情，搞什么大辩论？既浪费时间，也很难产生高质量的决策。其实，任何事情都是有利有弊的。如果经常玩“霸道总裁”“老板说了算”的游戏，久而久之，老板就成了“孤家寡人”，公司的干部、员工就成了旁观者，“老板你说了算，你自己玩吧”，这不好。

在企业多元化发展的道路上，很多时候，因为信息不对称、影响因素多，仅凭逻辑推理，是很难判定某个行业、某个产品的未来的。在这种情况下，最好的办法是成立一个小分队进行尝试，若好，则高歌猛进；若坏，则及时关闭、止损，也不会伤筋动骨。做企业不是讲故事，不到万不得已，别干“破釜沉舟”“不成功便成仁”的事情。因为一家企业关系到很多人的利益，关乎广大员工和上下游合作方的生活和命运，不能因老板赌性太大、爱冒险，让所有的人跟着去冒险，这是不负责任的。

如果经常玩“霸道总裁”“老板说了算”的游戏，久而久之，老板就成了“孤家寡人”。

总的来说，豪迈依靠多元化战略，既解决了企业的安全与发展问题，又增加了企业的活力：因为适当的、有规划的多元化，一方面为广大员工提供了学习进取和创新创业的机会；另一方面也为干部培养与轮岗提供了土壤——有的干部在原来岗位上干得比较久了，换换地方对他来说也新鲜，他手下的年轻人也有更多锻炼的机会。

冠军秘诀：重视设备与工具，极少考核KPI

豪迈涉足十余个行业，有30多家世界500强客户，取得了多项隐形冠军，一个重要的原因就是“改善即是创新”，其典型的表现是在设备上——豪迈使用的系列设备都是自己研发、专用的，但我们不是“为了专用而专用”，而是为了工作更好、更快、更省劲、成本更低而设计改进的；这些设备每两三年就升级一次，有些已经研发到了第九代，晚上车间熄灯，机器照常运行。

2015年，当时的山东省省长郭树清来公司视察，问我：豪迈的名字是你起的？我说，是的，为了产品好卖。郭省长问：好卖吗？我说，不愁卖。郭省长又问：你们的技术从哪儿来？我说，技术是我们自己的。他还问：你们的业务从哪里来？我说，我们自己培养的。郭省长半信半疑，又问：你们在县城怎么找到这么多世界500强客户啊？我说，他们口口相传找到了我们。郭省长又看了我一眼。

之后参观车间时，我介绍：这台机床是我们自己研制的，已经到了第四代；那个工作台是经过员工改善的，现在已经是第三代了……我说，院士、博士是不大可能为工厂解决一点点质量问题、成本问题和效率问题的，而我们的员工在自己的岗位上天天干、年年干，他们就是专家。针对工具、设备，你改一点、他改一点，今天改一点、明天改一点，不断改善、不断进步，从量变到质变，久而久之，我们的工具、设备就越来越好，就容易做成行业冠军了。

不到万不得已，别干“破釜沉舟”“不成功便成仁”的事情。

个人成事、团队成功的原因是复杂的，很难用指标来衡量。

后来，郭省长在一场记者招待会上说，有些企业家去见他，他就问：你去过豪迈没有？没有的话，去看看。

工欲善其事，必先利其器，这是制造业亘古不变的道理。如果你的设备、工具比别人先进，你成功的可能性就更大。但是，很多企业意识不到这个问题，总以为先进设备是可以买来的。要知道，你能买到，你的竞争对手也可以买到，这就很难拉开距离。

有些老板会有疑问：我们企业不是搞机械制造的，怎样升级设备呢？其实，只要有这个意识就行。中国是制造业大国，企业如果需要先进的设备，自己研发不了，可以寻找其他机械制造企业或者相关专家一起研发。

总之，要想成为行业冠军，在某些方面必须有竞争力。在制造业，所谓竞争力就是设备更快、更省钱、效率更高、精度更好、操作更简单、废品率更低。所以，制造业企业应该同等重视产品研发和设备研发。设备研发出来，员工天天用，就是专家、就是内行，就能想出升级的办法来，今年升级、明年升级，久而久之，设备就是世界先进的了。

另一个原因是，**豪迈极少考核KPI**。我们认为，KPI需要事先选择评价指标、设定考核目标、确定奖罚比例，这些都是高难度的“半仙”级的管理工作。但未来是变化莫测的，商业竞争是激烈残酷的，很难预判，明年有没有疫情、战争、物价上涨或者其他困难，能预测吗？企业的KPI设计是合理的吗？不也经常是拍脑袋拍出来的吗？员工的忠诚、友善、热情、创造力，真能用KPI考核出来吗？个人成事、团队成功的原因是复杂的，很难用指标来衡量。

相比之下，我们更倾向于简单的“事后诸葛亮”与“周围人来评说”的模糊评价法。等到一年干完了，看谁干得好、贡献大，给谁多涨工资、多发奖金就行了。特别要注意的是，人都有一个特点：你考核什么，我就干什么；你不考核的事情，即使很重要，我也可干可不干。KPI能使人兴奋，但副作用不小。如果设计不够合理，很容易使团队失去精气神，逐渐沙漠化。所谓“利益共同体、事业共同体、精神共同体”，就变成了一句空话。

所以我认为，不要盲目地考核KPI，一些简单的办法可能好过KPI。在豪迈，大家崇尚“平台理念”与“合伙合作”，倡导“给别人信心就是给自己机遇”，认为“工作是生活的重要组成部分”，号召大家“工作着、学习着、进步着，创造着、收获着、快乐着”。由于缺少了KPI，所以减少了部门墙；结果导向和他人评说带来的是默契配合和协同效应，大大提高了团队效率和工作业绩。

创新不必是颠覆式的、惊天动地的变革，能改善就很好，能改善之人就是能人。

做事：“改善即是创新，人人皆可创新”

豪迈在做事上倡导的是“改善即是创新，人人皆可创新”的全员创新。

豪迈起步于乡镇小厂，开始只有34个人，仅有的五六个高中生就算公司的知识分子。这种情况下怎么求生存？怎么鼓励创新？我们倡导的是，谁能解决问题，谁就是高手。制造业很多岗位不太涉及复杂的理论和计算，更多的是熟能生巧、精益求精。因此，我们就把创新的门槛降得很低：创新不必是颠覆式的、惊天动地的变革，能改善就很好，能改善之人就是能人；一个合理的意见也是创新，提出一个有价值的问题也是创新。所以，创新不见得是什么高大上和深奥的事情，人人都可以创新，这不是口号，而是事实。

当然，要发动全员创新，也有两个难点。

一是要善于奖励，激发大家的热情。提到鼓励创新，很多企业想到的都是发奖金，但同时这也极易造成互相攀比、互不服气，甚至不团结。奖励的目的是让大家喜欢创新，至于奖多奖少，是物质奖励还是精神奖励，都无所谓，原则就一个，奖得及时、让人高兴、有激励效果。

对员工而言，如果创新、创意被采纳，大家会对他竖大拇指，“你真厉害、你是高手”，久而久之他就会有成就感，就可能自发、自学成为某些方面的专家，成为企业的骨干。很多企业往往花高薪聘请外部专家，而鼓励全员创新，就有了培养专家的优良土壤，企业就能以最小的代价收获管理、生产、销售等方方面面的专家，让企业越来越好。所以说，鼓励全员创新是企业投入最少、产出最高的经营方法。

二是要宽容失败，或者说管控失败的风险。风险管控要小心、分步推进，比如有了一项新方案，可以先在一个车间、一个班组试试，成功了再推广至全公司。没有能力不要硬上，也不能急于求成、盲目前进，造成质量或设备事故频发，客户投诉不断，这样两三次下来就没人敢再创新了。我们向往创新，但也要学会审视创新、控制利弊。

用人：有用就是人才，人人皆可成才

每个人都有自己的特长。上学的时候，有人唱歌好，有人体育好，有人数学好，有人写文章好，人人都可以成才。企业里也是有分工的：有人吃苦耐劳，能干粗活；有人热爱计算、写文章，能干细活；员工都是公司招聘来的，有用就是人才。老板的职责就是把握商机、整合资源、创造财富。在用人方面整合资源，就是让大家合理分工、默契干活、全员创新，就这么简单，一点也不复杂。

老板的职责就是把握商机、整合资源、创造财富。

具体来说，为了鼓励大家成才，豪迈提出了“有用就是人才，人人皆可成才”的理念。在用人及奖励的问题上，以结果而不以学历论英雄。在人才培养上，提倡“干什么学什么，缺什么补什么，做什么悟什么”，还鼓励大家“为解决问题而工作，因问题解决而快乐”。

2022年年底，我们首次评选了5位“豪迈工匠”，可谓是万里挑一的标杆，豪迈的“院士”。5人的教育程度各有不同，分别是：初中、技校、中专、大专、大学本科，年龄从30岁到50岁不等。其实，在豪迈2万多名员工中，大专以上学历的占35%，每年有上千名大学生入职。为什么在这5位工匠中，低学历的比例这么高呢？原因就在于豪迈的人才理念，“有用就是人才，人人皆可成才，人人尽显其才”。

榜样的力量是无穷的。只有初中学历的王钦峰在豪迈的平台上干事创业，与公司一起成长，从学徒工变成了公司的大股东，从农民工变成了全国劳模，从产业工人变成了全国人大代表。在豪迈的高管人群中，低学历比例至今仍高达20%以上。

企业的发展是动态的，并没有绝对的标准，要具体问题具体分析。

结语

企业的发展是动态的，并没有绝对的标准，要具体问题具体分析，我是不迷信非要学习什么的。我的观念，一是从小受齐鲁文化影响，二是上学时候学习了一些文化知识，三是改革开放后吸收全世界的理念、文化，觉得哪些道理经得起推敲，是符合良心和良知的，心里喜欢，就遵从内心去学习。

总而言之，无论是企业新的增长曲线的开启，还是日常的经营管理，似乎并不需要复杂的公式和高深的理论、词汇，只要遵循常识就足够，也不用搞得太复杂了。

本文根据张恭运在正和岛案例探访期间的讲话综编而成

编辑：王夏苇

扫描二维码，
登录正和岛APP，
深度学习豪迈集团案例

推荐语

广大中国企业转型升级发展的样本

陆雄文 推荐
复旦大学管理学院院长

2年前，经校友引荐，我认识了科沃斯的创始人钱东奇先生，并带着同事专程赴苏州考察、学习。钱董热情地接待了我们，并同我们分享了企业从创业到转型、从升级到腾飞过程中每一步的曲折、探索和突破。我为钱董敏锐的市场洞察力和创新开拓的企业家精神所折服，主动提出可以把科沃斯的案例纳入我们管理学院的教学当中。

添可是科沃斯集团的新生儿，虽然只有5岁，却天资聪颖、好学灵动、讨人喜欢，还让人欲罢不能。添可5年创业创新的实践，是本土品牌营销的成功，也是中国企业创业创新的成功。我的同事蒋青云，一位专长于营销战略研究的学者，历时近一年调研添可并撰写了案例，且于2023年4月出版了相关的案例书，主要谈的是用户价值创新，添可是在红海中开创了蓝海。巧合的是，正和岛也关注了添可，从科沃斯集团的第二增长曲线角度做了解读。

虽然科沃斯和添可还不是典型的科创驱动的企业，但它们的发展路径确实是一个市场驱动、创新驱动的成功案例。中国商界曾有"贸工技"还是"技工贸"的企业增长道路的争论，回过头来看，联想没有走成功"贸工技"的道路，华为却在无形中走通了，并不断以研发投入构建自主创新体系，驱动相关多元事业的发展。如果不受美国政府直接打压，它或将在多个领域成为全球技术和产业的领导者。

我从科沃斯和添可的发展中，隐约地看到了华为的影子，看到了中国企业以市场驱动为核心理念、聚焦用户需求、分析用户价值、持续研发和创新产品，以创造和传递用户价值实现企业核心竞争力的不断提升，在红海中开辟蓝海，在蓝海中始终保持强劲发展动力、竞争优势的发展道路。这也应该是广大中国企业转型升级发展的道路。钱东奇和他带领的企业值得更多读者关注。

5年再造营收百亿品牌，科沃斯的老船长开辟新航道

钱东奇　独家访谈

科沃斯集团董事长
添可品牌创始人

"哲学让我仰望天空，物理让我脚踏实地。"这是钱东奇的人生信条。

曾经是大学教师的钱东奇，1988年下海经商，从外贸到实业，从代加工到自主研发，一步步踩在时代变迁的风口上。2018年，他带领科沃斯成为"扫地机器人"品类第一股，之后交班给儿子，选择二次创业，创造新品牌添可，那年他60岁。

如果说科沃斯是钱东奇精心打造的大船，那么添可就是一艘小快艇，在5年内业务规模翻10倍、利润翻20倍，2022年营收超百亿元，让钱东奇尝到了赛道红利带来的甜头。

钱东奇究竟如何一次次带领企业成为行业的领头羊？又如何在红海中创造蓝海，实现第二曲线的增长？我们在苏州添可总部采访了这位掌舵者，试图总结出背后的逻辑。

60岁再起航

回顾20余年创业历程，钱东奇从两个维度做了总结：从纵向看，做企业如推着石头上山，充满艰辛；从横向看，做企业犹如在动物世界生存，优胜劣汰，非常残酷。

回顾带领企业生存和发展的过程，钱东奇坦言最早做企业的时候，太辛苦、太难，但如今已坦然接受所有的折磨。"带领企业、带领大家走到今天，无论是对自己、对员工、对社会，我都认为是在创造价值，无愧我这一生"。这位企业家的心性也在企业突围中一次次被打磨。

钱东奇的商业起点在海南。

1988年，钱东奇从汕头大学辞职，在海南开始了第一份

一家企业如果不被质疑，基本上也快没戏了。

企业工作。此后，他继续走南闯北，从海南、深圳再到苏州，1998年创立泰怡凯。和此时的大多数苏州企业一样，泰怡凯也是给外资企业做OEM（原始设备制造商）贴牌加工。钱东奇并没有多少成就感，秘密组建了一个团队，研发家用服务机器人。

2006年，科沃斯横空出世。做自营品牌的道路并不容易，科沃斯很长时间处于亏损状态。直到2018年，科沃斯扬眉吐气，成为行业第一股，这年钱东奇60岁，他选择把这一品牌交给儿子钱程打理，自己则带领老部下继续内部二次创业，推出新品牌添可，在质疑中前行。

当时所有人的第一反应都是“老板疯了”，经销商不认可、投资者不认可、团队不认可……他们质问钱东奇，明明有一个科沃斯品牌，哪怕是做创新也完全可以放在科沃斯品牌里做，没必要花钱做新品牌。甚至有人说他“是作秀”。对于这些质疑，钱东奇笑着说，“自己皮比较厚”，看得很淡，“一家企业如果不被质疑，基本上也快没戏了”。

为了避免与科沃斯这个成熟的品牌正面竞争，添可做了差异化选择，定位于高端智能生活电器。添可像一艘加满油的快艇，飞速行驶，先后研发出飘万智能吸尘器、芙万智能洗地机，交上一份“产品定型必成爆款”的成绩单，5年内业务规模翻10倍、利润翻20倍，2022年营收超百亿元。添可的亮眼表现还成了复旦大学管理学院课堂上的案例。

这并不是钱东奇的终点，在预制菜与净菜的新蓝海之上，他又第四次瞄准切换赛道的方向。在某次头脑风暴中，智能料理机“食万”的产品创意诞生。这条千亿规模的新赛道又让创业老兵钱东奇兴奋不已：“说食万是厨房里的苹果公司，一点也不为过。它会产生很多内容，会改变整个中国的烹饪行业。这是将来的一个大行业趋势。”

除此之外，添可不断扩大产品种类，完善高端智能电器的布局，在清洁、个护、烹饪、健康四大智能生活领域发力，用产品诠释着它充满温情的品牌标语：“生活白科技，居家小确幸”。

不是为找曲线而找曲线，所做的一切都是为了企业可持续增长。

在红海中蹚出蓝海：开辟新赛道

毫无疑问，添可是钱东奇为科沃斯品牌找到的第二曲线，其经验可圈可点。事实上，国内诸多企业有很强的危机感，不断地去寻找第二、第三乃至更多的增长曲线。如何寻找？何时开启第二曲线？

这有一个度的问题。钱东奇很务实，“不是为找曲线而找曲线，所做的一切都是为了企业可持续增长，去找相应的增长方式，这才是核心环节”。若企业的传统业务，也就是第一条赛道做得不好，再做第二曲线是不明智的；如果第一条赛道已经做得很不错，企业家又看到市场上的新机会，有足够的能力和资源支持企业的可持续性发展，才可以考虑下一个赛道。科沃斯抓住了服务机器人的方向，添可则抓住家电智能化的大趋势。两者稍有不同的是，添可专门增加了人工操作的设计，目的是让人产生与机器互动的乐趣，“重在参与”也有一种小确幸。

钱东奇在家电行业多年，他深知这个市场竞争激烈，却一次次在这片红海里创造出了属于他的蓝海。

1.寻找差异化，创造新品类

在钱东奇的眼中，所谓的“红海”，其实只是待开发的“蓝海”。他定义科沃斯是用新技术创造一片蓝海，添可则是用新技术在红海里开辟一片蓝海。无论是科沃斯还是添可，它们都创造了新的赛道，创造比竞争者更具优势的价值，从而没有竞争对手，“起步就是第一”。

以添可为例。早期添可对标戴森，2019年推出的飘万吸尘器在美国权威杂志《消费者报告》中的排名超过了这个国际大品牌，但其市占率仍与戴森存在差距。钱东奇很快懂得一个道理：哪怕再造一个戴森，也没有任何意义。只要还落到吸尘器这个品类里，就什么也不是，大树底下寸草不生。自此钱东奇决定要创造一个赛道——他从消费者的痛点出发，最终找到一个问题：除了扫地、吸尘，老百姓还要再拖一遍地，也就是要“扫一遍、拖一遍”。他开始琢磨，能不能把两者合二为一呢？这个创意就是洗地机。“对于戴森来说，吸尘器就是它打商战时建立的壁垒，那洗地机的部分就是它的短板”。

添可率先创造了“洗地机”这个新名词，开发出芙万产品，继续集中资源朝着一个城墙口冲锋，硬生生把洗地机这个新品类与吸尘器成功地区隔开来。最终在用户心目中，“洗地机=添可，添可=洗地机”。2021年，芙万在国内的市占率高达69.7%，也就是说，10个使用洗地机的家庭中，有7个是添可的用户。

2.把握窗口期，持续做宽做大赛道

建立企业的第二曲线，时机尤为重要。市场竞争本质上是打仗，对新型创业公司而言，窗口期格外关键，拼的是敏锐度和速度。钱东奇深谙这一点：“我的生存之道是什么？我要跑得足够快，要足够敏锐。在市场环境当中，只有一种企业没有活路，就是看不到时代、看不到机遇的企业。”科沃斯在市场站稳脚跟，成为细分领域的领跑者，需要进一步扩大优势，开辟与过往不同的新道路。添可的出现恰如其分，复制科沃斯的过往经验，成果显而易见，用5年时间就取得科沃斯12年的成绩。

添可还和目前国内大型的智能家电企业做了差异化的定位。正如复旦大学管理学院教授蒋青云所分析：相对于美的、小米这样的全市场覆盖的企业，添可主要聚焦于中高端家庭市场。小步快跑，添可迅速占领了行业的高地。“这就不仅仅是钱的问题，也不仅仅是创新一个产品的问题，而是一个整体的问题，包括用户心智的占领、品牌的落地、创新产品的持续迭代等一

所谓的“红海”，其实只是待开发的“蓝海”。

系列东西。这个壕沟已经被占住了。大企业已经贻误了最佳战机。不管再用多大的弹药，也夺不回高地。”

这种底气又来自哪里？这离不开钱东奇的整体布局：科沃斯集团从OEM起家，在家电领域的产业链做了长期的积累，在家电出海渠道和国内分销渠道又有多年的布局，这都为添可产品提供了便利；尽管添可和科沃斯严格分品牌经营，但在市场资源调配、经营经验分享和经营团队支持等方面有很多协同安排……科沃斯与添可很好地发挥了第一曲线、第二曲线的协同作用。

未来几年，钱东奇的重心都会往食万上倾斜。如果这时突然发现另一个赛道也不容错过，他将会怎样取舍？钱东奇非常清楚自己的选择，在食万没有打磨好、没有上规模前，心无旁骛。新的品类或者新的品牌能否成功，科沃斯集团内部有一个50%的分水岭。钱东奇在心中设定了第一目标——卖出10万台食万，在更长远的未来占到添可营收的1/2。

遵循商业的本质：创造用户价值

在采访的过程中，钱东奇反反复复强调他做企业只不过坚持了商业的本质：为用户创造价值，满足用户的需求，提供等价交换物。

何为等价交换？一言以蔽之，商业是一种交换，来自企业端的供给能满足用户端的需求。企业能为用户提供什么？如何让用户心甘情愿地花钱且认为物有所值？这是任何企业都要回答的问题。

钱东奇说自己不太看管理类书籍，也不喜欢各种花里胡哨的新名词、新概念。在他看来，企业所有的行为，包括战略设计、技术创新都是服务于用户价值的。亦如管理学大师彼得·德鲁克所言，“企业存在的唯一目的是创造顾客”。企业家的手中、心里始终要有一杆秤：“企业给客户提供的价值和客户支付给企业

企业能为用户提供什么？如何让用户心甘情愿地花钱且认为物有所值？这是任何企业都要回答的问题。

寻找新机会离不开对市场的洞察，企业家要有异于常人的市场敏锐力。

的对价，两者之间有杆基本的秤，只有基于这样一个等价交换的原则，商业才是可持续的。至于等价与否，不是由企业说了算，而是由面对的客户说了算。”

无论是科沃斯，还是添可，这两个品牌的产品都与消费者的生活息息相关，用户更容易有感知。如何提高产品的用户价值？钱东奇分享了两个关键点：

第一，持续关注和洞察用户需求。

寻找新机会离不开对市场的洞察，企业家要有异于常人的市场敏锐力。浸淫家电行业30余年，钱东奇对这个产业了如指掌。某种程度上，钱东奇是添可的首席市场官和首席产品经理。

除了外出，每周三下午是添可雷打不动的经营会议，决策团队交换各种信息、提出产品问题。钱东奇带领企业努力挖掘消费者潜在的、尚未释放出的需求，再把需求显性化，最终形成新产品。早在2017年，钱东奇就对产品部门负责人提出要求：吸尘器要在无线基础上，探索智能化方向，为产品注入灵魂；2019年，智能无线吸尘器飘万诞生，改变传统吸尘器需要手动调节的操作模式，成为“会思考的智能吸尘器”。

在外人看来，从扫地机到料理机产品品类转移的跨度很大，而在钱东奇看来，变化的只是从地面清洁到烹饪料理的领域，不变的是人们相同的深层需求。“品牌需要挖掘消费者的潜在需求，比用户更懂得用户，才能让价值创造超越用户的期望。”尤其在互联网快节奏时代，“懒人经济”和“宅经济”催生了诸多新兴的商业模式、服务形式和产品样式；中国年轻一代更认可本土品牌的性价比，“国货热”方兴未艾，进一步推动添可在小家电市场站稳脚跟。与外卖、预制菜不同的是，食万定位于“精致的快生活”，涵盖中餐八大菜系、不同地域的饮食习惯，甚至为了实现中餐营养、口味的标准化，还设立了数字美味研究院。

第二，围绕用户需求升级、试错和迭代产品。

钱东奇十分在意用户对企业产品的反馈。初期为了解用户的反馈，他会去全网渠道找用户的反馈，尤其一条一条地看差评，并把建设性建议应用在后期的产品迭代中。

技术迭代与创新是货真价实的，不是靠嘴巴说的，需要渗透在产品的各种细节里。以洗地机芙万为例，主机上有一块圆形LED屏幕，其中有一个“智能红蓝环”设计，红色是脏污状态，蓝色是洁净状态。在产品设计时，钱东奇提出红蓝环的颜色变化不应该是突然从全红变成全蓝，而应该是由红色慢慢过渡到蓝色的渐变模式。因为这能让用户感受到脏污被一点点洗干净的过程，给用户带来清洁的成就感，“让洁净看得见”。

复旦大学管理学院院长陆雄文提出：要做一家技术驱动的公司，就要想5年、10年以后的竞争。在钱东奇心中，科沃斯和添可是科技企业，他还需要在用户价值创新和技术创新上拿捏平衡。钱东奇时刻在心里问自己、问市场做对了吗，如果没做对，那就迅速调整。“研究一代，开发一代，市场推广一代。”“我们要用商业逻辑去闭环，不能沉浸在自己的世界里。技术强不强不是自己说的，要让有支付能力的客户说你强。”市场给了答案：2018年，添可成为第一个代表“中国智造”走向世界、拥有自主知识产权的吸尘器企业；作为“国货之光”，添可在海外市场赢得了尊重，成为亚马逊美国、英国、德国、日本等站点最畅销单品之一。

坚持一个原则：守正出奇。守的是大方向、主战略，出的是新赛道、新品牌。

培养接班人：守正出奇

科沃斯成为行业第一股、添可又在5年内实现营收超百亿元，背后离不开组织的支撑作用。正如管理学家查尔斯·汉迪所说，企业的第二曲线是由显性曲线和隐性曲线两条曲线构成的。具体而言，显性曲线即业务增长曲线，如新的业务模式、新的产品品类、新的用户群体等；隐性曲线即组织创新曲线，如人才发展、企业文化迭代。

钱东奇喜欢把创业企业比喻为航船，航行最重要的是方向和动力。在航行中，钱东奇坚持一个原则：守正出奇。守的是大方向、主战略，出的是新赛道、新品牌；“守正”即守住商业的本质，“出奇”是做出比其他企业更有特点的事。

企业家是企业的船长，把控方向是职责。一旦船出现问题，创始人要率先“跳下去”，带着团队补船：“任何一个关键环节，我都应该是最后一道防线，要保证这条船不沉下去，且行往正确的彼岸。”“到关键时间点的时候，我就会出现，但并不是所有时候我都会出现。”

沿着选择的赛道行驶，把驾驶的大船交给下一位年轻的船长，这是老一代企业家的宿命，也是钱东奇在持续推进的事情。

让钱东奇颇感欣慰的是，儿子从加拿大回国，主动选择了接班。钱东奇懂得做企业的辛苦，如推石前行，他也曾整夜睡不着觉，患过抑郁症。看到儿子遇到难题时，他也只能把心疼放在内心深处，按捺住性子不指手画脚。“他想做什么，我就创造条件，但他再苦再累也得扛下去，否则我帮着做，他就不会成为一块钢。”“带的方法应该是放手，但是要兜底”。

科沃斯与添可两个品牌在内部相对平行，儿子独立负责科沃斯，钱东奇带着一帮老部下建设添可。添可的存在壮大了整个科沃斯集团的实力，也无形中给原有科沃斯品牌的团队树立了一个对标，产生压力和动力。

沿着选择的赛道行驶，把驾驶的大船交给下一位年轻的船长，这是老一代企业家的宿命。

钱东奇心里非常清楚，科沃斯这条大船不能出纰漏，在把控方向上他责无旁贷，但也允许大船行驶过程中有颠簸。“只要船不翻，就不应该插手。除非你觉得这件事是要翻船的，才会站出来。”“这条路迈得出去，你才有可能培养一个超过钱东奇的人，否则最多培养出下一个钱东奇。”

船舶要获得持续的动力，就要发挥团队的作用，识别并培养团队里的人才。钱东奇的做法是在过程中培养接班人：“培养年轻接班人最好的方式是让他们跳到水里去游泳，通过打仗建立功勋，通过打仗来带队伍，这样才可以有机会将他们培养成有独立人格的接班人，他们对战场也才能有认知及决策能力”。

企业文化也是生产力，润物细无声地影响组织中的每个人。钱东奇要给年轻人创造宽松、包容的环境，以及组织上的保障。在添可内部没有复杂的汇报关系，提倡对事不对人，就事论事，用事情的本身来判断曲直好坏；发现年轻人的闪光点，容许年轻人犯错。“我要带领大家充分地把优点发挥出来，把缺点、短板补齐，思考怎么把每个人的潜能释放出来。我的中心思想是与人为善，而不是与人为恶。大家有机会在任何地方犯错，但不要总在同一个地方犯错。”

如今，添可在推动“ChatGPT全员化”的概念，明确规定企业不会因为ChatGPT裁员，但是在年底之前，每个员工都得寻找第二岗位。这种人性化的规定极大地调动了员工的热情，同时让员工在压力中思考更长久的出路。

问及他什么时候退休时，钱东奇回答道，“当这条船已经行稳致远”。事实上，洗地机行业在不断涌入新玩家，既有新锐品牌，也有海尔、美的这样的传统家电品牌，年轻的添可还在面临诸多挑战，这位不服老的船长还将继续乘风破浪……

《用户价值创新》
蒋青云 等 著

复旦大学出版社
2023年4月

作者：曹雨欣、徐悦邦

曾经“掉队”的微软，如何又一次甩出王炸？

孙静 撰稿
《降噪NoNoise》主编

2010年3月3日，微软前CEO史蒂夫·鲍尔默在媒体面前强撑自信，说“终有一天，必应将超越谷歌”。这个许诺被加了一个模糊的期限：数年或十几年之内。当时谷歌在美国搜索市场的份额高达65%，必应只有11.3%。

13年过去了，谷歌在全球搜索市场的份额超过90%；第二名必应仅占约3%。差距在进一步拉大。不过就在2023年，一个新的变量出现了——OpenAI 推出的ChatGPT以狂扫全球的姿态，展示AI技术突破可能带来的颠覆性。作为OpenAI的投资人之一，微软在应用落地上“近水楼台”。整合了ChatGPT的新必应，成为全球用户体验AI“暴力美学”的传送门，风头一时盖过谷歌。乘着这股春风，微软又甩出一个王炸：GPT-4全面接入Office全家桶，AI办公助手Microsoft 365 Copilot将重塑12亿打工人的生产力。

“硅谷AI领航员”的荣耀，就这样从谷歌转移到了微软。

“牛得不像微软”

“牛得不像微软……这彻底颠覆了我对微软的印象，一家48年的企业再次焕发青春活力，史无前例。”前谷歌科学家、出门问问创始人李志飞在朋友圈分享了他所受到的震撼。

一名前微软科学家在同《降噪NoNoise》交流时提到，在最近10年AI领域的角力中，微软其实一直处于下风，吸引到的顶尖人才比谷歌少，OpenAI的专家也不愿意去微软，所以微软不得不通过在外部投资来防止落后太多，“想不到投中了一个宝贝”。他认为，如果微软内部已经有非常强的部门，也可能不会在外部投资。

紧盯“后视镜”的转型方式带来的挫败和震荡是持久的。

据《财富》杂志报道，微软曾经尝试聘请一名重量级的人工智能科学家，但未能成功。一名曾参与创建AlphaGo的谷歌科学家曾在2016年直言：“现在没有人会为微软工作，因为他们给的钱太少，而且对自己的期望也很低。”这多少印证了一点，微软创新力不足，对AI顶尖人才的吸引力不够。

那该如何解释48岁的微软再次站上了浪潮之巅？

“好像是一种周期律，本来占优势的一方容易懈怠大意而错失机会（比如谷歌），劣势的一方积极思变而抓住了机会（比如微软）。”上述受访的前微软科学家从竞争博弈的角度看待这个问题。

一名大模型创业者则开玩笑说：“微软做对了关键决策，准确地说，是命运女神敲门的时候没有躲。”

这都有一定道理。OpenAI创立的一个初衷是对抗谷歌在通用AI领域的一家独大。2015年谷歌投资神经网络初创公司DeepMind后，OpenAI随即宣告成立，其实当时没有微软什么事儿。直到2018年，OpenAI意识到大模型需要烧更多钱、需要超大算力支撑，CEO山姆·阿尔特曼几次飞到西雅图。OpenAI能选择的合作方并不多，山姆·阿尔特曼主动向微软CEO萨提亚·纳德拉寻求合作机会。纳德拉接过了这根橄榄枝，或者说通往AI 2.0时代的权杖，总代价130亿美元。对于一家税前净利超过800亿美元的科技巨头来说，这笔写满限制条款的交易格外划算，尤其是在对比72亿美元收购诺基亚手机及部分专利的失败先例之后，更容易得出这样的结论。

不过，仅凭运气似乎难以解释全局，比如那些关键节点的决策是如何做出的，2018年的纳德拉为什么没有错失良机——要知道，抓住机会并不是一件容易的事，否则微软也不会在移动互联网时代掉队；比如2023年的微软为何能快速甩出王炸——圈内人士评价，“微软拥抱GPT的力度和速度都可圈可点”。

一定是有些东西在“AI寒武纪”到来之前就已经开始酝酿了。

转型的关键：不看“后视镜”

即便没有GPT加持，美国科技公司中市值超过2万亿美元的还是那两家：苹果和微软。两家公司一硬一软，分别代表了美国科技界的两座高峰。区别在于，苹果从2007年以来发挥一如既往地稳定，始终作为一家酷公司屹立山顶；微软则不同，中间因为漫长的掉队期，差点从“硅谷之光”的名单中被除名。

不同时期的境遇，塑造了不同面孔的微软。PC时代自不必多说，微软统治地位牢固到美国司法部要对其发动反垄断诉讼。在Windows统治全球之外，反垄断诉讼证词中暴露了微软作为科技巨头不那么光彩的一面：傲慢、咄咄逼人、不给竞争者留活路，让用户又爱又恨。

2008年是个新的节点。此前一年，苹果发布初代iPhone，宣告智能手机将成为新一代计算平台，彼时的微软还在吃老本——在销售天才、比尔·盖茨的继任者鲍尔默的带领下，Office和Windows两个赚钱机器继续横扫四方。但到了2008年，全球PC出货量增长停滞，微软营收再也涨不动了。金融危机还没爆发，微软股价已经狂跌不止。

错失互联网、移动互联网的微软，脸上写满仓皇、迷茫以及束手无策。鲍尔默带领公司从三条线追赶：在搜索板块推出必应，迎战谷歌；在移动硬件端重金收购诺基亚手机，并通过Windows Phone和平板电脑Surface抢夺市场；探索云业务追赶亚马逊的AWS。当时AWS年营收已有数十亿美元，而微软仅有几百万美元。

高光时刻的追捧与造神越狂热，低谷时期的踩踏越惨烈。

这次转型看似全方位押注，多路追赶，但实则重心分散。说到底，鲍尔默时期的精神图腾还是操作系统入口，即守住Windows，从而忽视了AI和云计算才是未来更大的科技浪潮。紧盯“后视镜”的转型方式带来的挫败和震荡是持久的。舆论先于华尔街给出判断：诸如“廉颇老矣”“微软已死”的声音回荡在硅谷、华尔街。当然，类似“下一个倒掉的会是××吗？”的句式，几乎适用于所有跌落低谷的科技巨头。历史一次次证明，高光时刻的追捧与造神越狂热，低谷时期的踩踏越惨烈。

对局中人而言，没人愿意沮丧地站在一艘下沉巨轮的甲板上。等待微软的是持续“失血”——大量工程技术人才流失，许多人工智能专家也纷纷出走，最后是鲍尔默的退位和离开。

一名微软前工程师在博客上毫不客气地说：鲍尔默的离开是他给微软留下的最好的遗产。

到2014年，纳德拉接任微软CEO时，微软公司的市值已不足3000亿美元。那么他是怎么做的？在纳德拉“移动为先、云为先”的战略推进中，Windows被边缘化，诺基亚团队被砍，必应地图部门被打包卖给Uber，Office365和微软云Azure成为增长双引擎。伴随微软市值冲击2万亿美元高点，Azure市场份额跃居全球第二，外界看到了一个第二次走向巅峰的微软。

纳德拉带领下的转型，是所有人都期待看到同时可供自我勉励的剧情：追前一班车不重要，赶下一班车才是关键。正因如此，纳德拉梳理微软转型历程的那本《刷新》成了畅销书。国内许多科技企业的CEO都努力从书中寻找参悟，尤其那些面临相似境况的企业。曾有联想内部人士透露，CEO杨元庆便是《刷新》的拥趸之一，他曾在联想内部大力推荐这本书。

其实《刷新》中还有几处伏笔，比如微软准备如何投资未来。纳德拉分享了他的思路：重点押注的三个方向是混合现实、人工智能、量子计算。具体到人工智

追前一班车不重要，赶下一班车才是关键。

《刷新：重新发现商业与未来》
[美]萨提亚·纳德拉 著

中信出版集团
2018年2月

能，纳德拉明确提出，微软要用人工智能重新定义微软的所有业务，比如将所有的Office产品人工智能化。

你看，相比酷公司谷歌的极客范儿，老大哥微软始终是现实的商务范儿。

在Office全家桶接入GPT-4之前，微软在Powerpoint已添加了自动翻译、图片自动说明功能；Word里则加入了机器阅读；Microsoft Translator则可实时翻译国际会议演讲；2018年，微软又将个人智能助理Cortana（小娜）划入Office产品部门，成为Office系列的一个辅助工具。此外，微软也有自己的智能聊天机器人，中国版叫小冰，美国版叫Zo。从这些技术路线布局来看，ChatGPT和GPT-4不仅契合微软的技术思路，还能通过生产力的提升，帮助微软巩固在办公协作领域的领先地位。看完微软Office365的发布会后，有开发者在社交媒体上说：所有个人开发者想到的点子，他们都想到了，而且实际做得更完美，厉害得让人害怕。

如今回看微软原全球执行副总裁沈向洋2021年的一段发言，你会发现意味深长。他说，市场营销、人力资源和客户管理等传统领域，很快将会受到人工智能的冲击并且需要做出反应。

这正是ChatGPT“炼丹”功成的前夜。

在上述受访的前微软科学家看来，“大公司之外的创业公司如果能拿到足够的钱，又有足够的人才，相对于大公司的内部部门，活力和灵活性更好”。这或许同时解释了谷歌与微软截然不同的选择。谷歌的保守或者说出于对AI技术安全性的审慎，使其同样强大的聊天机器人Bard及搜索业务在竞争中均陷入被动；微软则借助“外力”，既避免了创新者的窘境，又拿到了通用AI时代的船票。

资历和市值无法赢得同行敬重，只有持续的创新力才可以。

纳德拉在2015年即上任一周年时就明确过一点，通过投资那些有可能代表未来AI发展方向的前沿技术和项目，补齐微软的AI布局。考虑到微软在人工智能技术领域的号召力远逊于谷歌，这种思路也不难理解。只能说，投中OpenAI，是这种思路的延续。

纳德拉还在出任CEO后的第一次公开演讲中提到过两个问题：是什么使微软与众不同？如果微软消失了，这个世界会失去什么？这两个问题，在2023年有了激动人心的答案。

鼓励团队协作，强调个体对业务的贡献，更有利于创新。

有成长型思维，就有成长后劲儿

硅谷从来不是一个论资排辈的地方。资历和市值无法赢得同行敬重，只有持续的创新力才可以。

微软再次站上浪潮之巅，从表面上看是战略转型成功基础上的一次进化，实则是创新力带来的后劲儿。这背后离不开纳德拉对微软文化基因的改造。微软前员工回忆，纳德拉任CEO后主推成长型思维（growth mindset），其核心理念是开放、谦虚和包容，与之相对的则是固化思维。成长型思维不是一个空洞的口号，微软的外部伙伴、竞争对手几乎和微软员工同时期感受到了这种思维的影响。

2014年3月，纳德拉上任第二个月，就首先把Office套件带入苹果的iOS。在iPad Pro发布会现场，苹果副总裁请上了一位特别的开发者——Office 365的副总裁。“有谁比微软更了解生产力呢？”苹果副总裁一句打趣的背后，是两个宿敌的握手言和。微软一直将苹果视为主要的竞争对手之一，但纳德拉围绕“移动为先”的战略，让Office套件带入苹果iOS以及谷歌旗下的安卓系统。

在XR支线，微软的游戏应用《我的世界》接入了Meta阵营的VR设备Oculus Rift，尽管后者是微软自家MR产品HoloLens最有力的竞争对手。

最令外界意外的一次合作是微软与红帽的同台。当纳德拉站在“Microsoft ♥ Linux”的幻灯片前时，有分析师惊掉了下巴，“太阳从西边出来了”。作为

Linux解决方案供应商，红帽与微软一直属于竞争关系，但微软仍选择与红帽合作，以吸引更多开发者加入自己的阵营。

在不断放下身段的过程中，一个更为开放的微软立住了。2016年，当微软以262亿美元收购领英时，领英CEO杰夫·韦纳告诉媒体，微软正变得越来越敏捷、越来越开放、越来越有创新精神，这在促成交易中扮演了重要角色。

微软员工对此没有感到意外，因为类似的变革同时在企业内部发生。最细节的变化是，他们现在敢于公开亮出自己的iPhone、MacBook，而不用担心领导或者销售部门不开心。

“狗咬狗”的考核制度也被淘汰：微软过去是残酷的末位淘汰制，即使最优秀的团队，每年也要根据排名淘汰最后一位，这其实是强调内部竞争。而在纳德拉治下，绩效评估维度围绕三个点展开：一是对公司业务的影响力；二是对团队成功的影响力；三是对别人成功的影响力。很明显，新的考核方式鼓励团队协作，强调个体对业务的贡献，更有利于创新。

其实，纳德拉很早之前就意识到微软的企业文化出了问题。2011年，软件工程师、漫画家Manu Cornet画了一组漫画（见下页图2），以呈现顶级科技公司组织架构的本质。

在漫画中，始于社交网络的脸书，组织架构像一张由众多节点构成的网；苹果只有一个核心，不用说，就是乔布斯本人；甲骨文的架构则给人一种错觉——这更是像一家大型律所，而非软件巨头；最具讽刺的是微软，各部门互相拿手枪指向对方。不用说，漫画讽刺的是微软的“内卷”、内部政治取代团队协作。

大浪总会出现，与其懊悔错过或者被迫追赶，不如坚定地去赶下一班车。

出任微软CEO后，纳德拉把自己变成了成长型思维的移动广告屏。当HoloLens缔造者亚历克斯·基普曼想要说服纳德拉为HoloLens“充值”时，他曾直言：XR需要长期高昂的投入，且当下很难定义未来的价值究

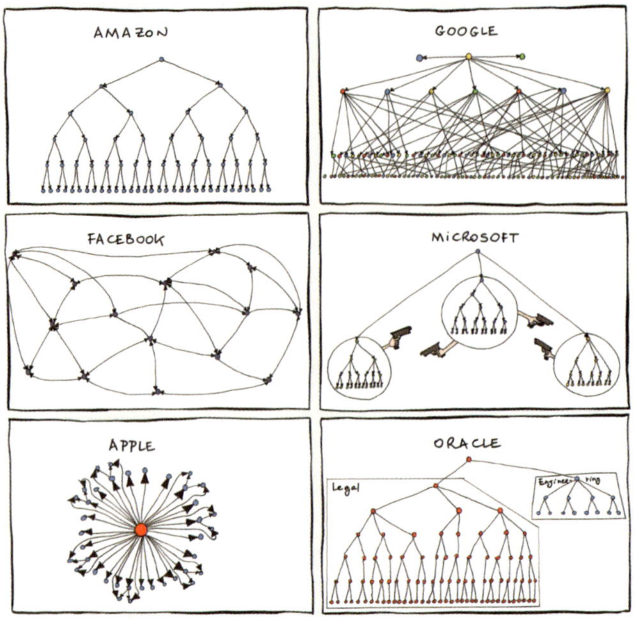

图 2 软件工程师、漫画家 Manu Cornet 笔下的
美国科技公司组织架构图

作为一个领导者，你经常不得不收起怀疑，先去创造，先做了再说。

竟有多大。纳德拉依旧选择了支持，“作为一个领导者，你经常不得不收起怀疑，先去创造，先做了再说”。他的理由是：一个人无法准确预测未来科技的变化，但成长型思维可以让人更好地对不确定性做出反应，并且在技术快速变化的情况下不断纠错，即刷新。

外界很难说得清，到底是重塑内部文化，激发了创新并带领微软重新走向科技浪潮之巅，还是正确的战略转型最终唤起了大象起舞。可以明确的大概只有一点：大浪总会出现，与其懊悔错过或者被迫追赶，不如坚定地去赶下一班车。

至于个体，对技术创新的开放和宽容，也是成长型思维的要义之一吧。

编辑：王夏苇

延伸阅读

纳德拉如何开启微软的文化变革?

首席执行官也就是CEO中的字母C，我希望它代表的是文化。首席执行官可以说是一个组织的文化管理者。正如我对员工们说的，如果一家公司的文化是鼓励去听、去学，并以使命为导向激发个人的热情与才华，那么没有什么是不可能的。建立这样一种文化是首席执行官的首要职责。因此，无论是在公共活动如 Windows 10的发布中，还是在演讲、邮件、推特、内部通知或月度员工沟通会中，我都会利用机会，鼓励我们的团队坚守不断学习的文化。

当然，首席执行官的劝诫式布道只是推动文化变革力量的一部分，尤其是在一个规模庞大的、极为成功的组织内，比如微软。组织文化并不是一个能以一种理想方式简单解冻、改变、再冻结的事物。推动文化变革需要细致的工作，需要一些具体的理念。同时，它还需要显著的、明确的行动，抓住团队成员的注意力，并将他们推出熟悉的舒适区。

我们的文化原本是固化、死板的。每一名员工都需要向其他人证明自己无所不知，证明自己是屋子里最聪明的人。责任担当，也就是按时交付和完成数字目标，是压倒一切的。会议是正式的。开会之前，一切都必须安排得井井有条，不能出任何差错。跨级别的会议基本是不可能的。如果一名高级管理者想利用组织内一名级别较低的员工的能力和创造力，他或她需要邀请的是该员工的领导，诸如此类。层级体系和啄食顺序是第一位的。如此一来，自发性和创造性也就受到压制。

我所希望的文化变革实际上根植于我最初加入的微软。它聚焦日常工作中的成长型思维，并以三种不同方式练习这种思维。

首先，我们必须以客户为中心。我们的业务核心就是要保持好奇心，以及保持用伟大技术满足客户未能表达的和未被满足的需求的渴望。如果对客户需求缺乏深刻洞见、缺乏同理心，那我们是无法做到这一点的。在我看来，这并不是一个抽象的存在，而是我们每个人每天都要练习的。当我们与客户交流时，我们需要倾听。这并非无意义的行动，因为它可以让我们预测客户的喜好。这就是成长型思维。我们要以初学者的心态去了解和学习我们的客户以及他们的业务，为客户提供卓有成效的解决方案。我们要不断从外界汲取知识，并将所学应用到工作中，同时不断创新，给客户带去惊喜，并赢得他们的喜爱。

其次，积极寻求多元化和包容性会让我们处于最佳状态。如果我们依照我们的使命阐述来服务这个地球，那我们就要忠实地反映这个世界的样貌。我们的人才要进一步多样化，而且要把更广泛的意见和观点纳入我们的思维和决策之中。在每次会议上，我们不只要听，还要尽可能地让其他人去讲，去表达自己的想法。包容性会帮助我们清楚地认识到我们的偏见，并会帮助改变我们的行为，这样才能发挥出汇聚微软众人的力量。我们不仅尊重差异，还寻求差异，更展开双臂拥抱差异。因为只有这样，我们才能产生更好的创意、推出更好的产品，并且更好地服务我们的客户。

最后，我们是一个公司、一个微软，而不是各自为政的邦联。创新和竞争并不尊重我们的封地、我们的组织边界，所以我们必须学会打破这些壁垒。我们是一个由许多个体组成的大家庭，有着共同的使命。这个使命并不是在组织的舒适区内工作，而是要跳出舒适区，竭力满足客户的需求。这对一些公司来说是自然而然的，比如那些一开始就拥抱开源思维的技术公司。某一团体创建代码，创造知识产权，但同时又持开放态度，公司内外的其他团体可以检查和改进这些代码和知识产权。我告诉同事们，它们拥有的是客户情境，而不是代码。我们的代码可能也要如此，一方面服务于小企业，另一方面服务于公共部门客户。我们凝聚而成的合力，让我们的信念变得更加坚定，让我们的梦想变得更加触手可及。我们将相互学习，相互借鉴，打破藩篱，精诚合作，在我们的客户面前展现出作为整体的一个微软。

我们以客户为中心，保持多元化和包容性，上下一心，共同进退；在此基础上，我们训练我们的成长型思维。如此一来，我们就会坚守我们的使命，并会真正改变世界。综合起来，这些概念象征着我致力于打造的微软文化的成长方向。在任何合适的场合，我都会谈起这些理念。我会寻找机会改变我们的做法和行为，让成长型思维变得生动和真实。我们的文化变革的一部分，就是给予人们空间和余地，并将他们的声音和经验转变为话题。我最不希望看到的是，我们的员工把文化当成“萨提亚的事”。我希望他们把文化当成自己的事、微软的事。

为推动公司向学习型文化转变，我们发起了一年一度的黑客马拉松。黑客马拉松是公司OneWeek系列活动的一部分，该活动旨在鼓励员工建立关系、相互学习、寻找灵感、协同工作。围绕成长型思维展开的黑客活动意义非凡，在计算机程序员的亚文化中，黑客行为有着悠久的传统，意在突破极限，创造性地解决难题或寻找机遇。在第一年的黑客马拉松中，来自83个国家和地区的超过1.2万名员工发起了3000多个黑客项目，比如终止视频游戏中的性别偏见、为残疾人提供更便捷的计算服务，以及改进产业供应链运营等。

如今，一年一度的黑客马拉松已经成为微软的一种传统，每年，微软的工程师、市场营销人员以及其他部门的员工都会在其所在国家和地区准备这一活动，就像学生准备科学竞赛一样联手组队，着力解决其感兴趣的问题，然后进行演示，以赢得同事们的投票支持。人们的反应既有礼貌的质疑，也有激烈的辩论和挑战。最终，通过智能手机投票和项目评估，活动综合评选出获胜项目，有些项目甚至还会被微软作为新业务给予资金支持。

由于我将微软的文化变革作为一项高优先级任务，所以人们经常会问我进展如何。我认为我的回答是相当东方式的：我们已经取得了重大进展，但永远都不会结束。这不是一个有始有终的项目，而是一种存在形式。坦白地讲，我天性如此，在获知某个缺点时，我会感到兴奋，而指出这一缺点的人给我的是一种洞见。我们每天都要问一问自己：今天我在哪些方面保持着固化型思维？在哪些方面保持着成长型思维？

作为一名首席执行官，我也会问自己这样的问题。我会认真细查我的每一个业务决定，看它是否有助于微软转向我们所希求的成长型思维。

固化型思维决策会强化我们以往的做事风格，依照惯例，当我们发布新的Windows版本时，现有的Windows需要付费才能完成升级。微软Windows和设备部门的负责人特里·迈尔森却拥有成长型思维：他放弃一部分收入，将之前的Windows付费更新转为限时免费升级。在短短一年多的时间里，这一策略成就了有史以来最受欢迎的Windows升级，升级用户数达到数亿，而且还在继续上升。我们希望客户能够由此喜欢上Windows，由此用上极具个性化且安全的设备。

我们对瑞典游戏公司Mojang及其视频游戏《我的世界》的收购，也代表了一种成长型思维。这笔收购给我们的移动和云技术业务注入了新的能量，带来了新的参与感，同时也会为我们在教育软件领域创造新的机遇。

《我的世界》拥有忠实的、规模庞大的玩家社群，也是一款少有的被引入课堂的视频游戏，游戏中的建筑以及协作和探索精神都是老师们所喜欢的。它有点像3D沙盘，在课堂教学中，如果要求学生在沼泽地建立一个河流生态系统，《我的世界》就可以派上用场。它还是一款多人游戏，培养的是一种数字公民精神，比如，老师要求课堂上的12名学生建造一栋房屋，几分钟之后，他们就会组成团队开始工作。

后来担任Xbox部门负责人的菲尔·斯宾塞及团队与Mojang建立了很好的关系，并成功地将《我的世界》扩张至包括移动设备和游戏机在内的多种设备中。在微软与Mojang合作早期，即在我出任首席执行官之前，菲尔曾有机会收购《我的世界》，但当时菲尔的老板并未批准这一计划。对有的人来说，来自上司的直接拒绝会让人就此放弃，但菲尔并没有放弃。他知道，这样一款深受喜爱的游戏会找到属于它自己的位置，而且会持续扩张和不断发展。他知道，微软将它纳入自己的生态系统之后，会推动下一代游戏玩家的深度参与。他知道，我们的云基础设施会帮助它扩张到世界的任何一个角落。

菲尔继续保持着与Mojang的良好关系，并进一步建立信任。有一天，菲尔的团队收到了Mojang发来的有关再次出售的文件。Mojang本可以同我们的任何竞争者达成协议，但他们没有这样做，而是重新找到我们。当时，菲尔已经担任Xbox部门的负责人，而我也已经担任公司首席执行官。菲尔建议我重新考虑一下这笔交易。我认为可以通过微软的力量继续打造这款产品，同时保留这个小的独立团队的完整性和创造性。于是，我们发起了一笔总额为25亿美元的并购案。今天，《我的世界》已经成为个人计算机、Xbox和移动设备上最畅销的游戏之一。比尔·盖茨和史蒂夫·鲍尔默——在提交该笔交易时，他们仍是公司董事会成员——后来笑着说，他们最初是持反对意见的，并不是很理解这笔交易的意义。现在，我们所有人都明白了。

这就是一种成长型思维。它凸显的是赋能他人，以及一个人或一个团队如何拥有热情、深入洞察、迎难而上并取得成功。

……

文化变革是艰难的，也可能是痛苦的。抗拒变革的根本原因是对未知的恐惧。重大问题就摆在那里，却没有明确答案，这是很可怕的。

思考一个我们经常自问的问题：未来的计算平台是什么？几十年来，Windows一直是个人计算机平台的首选，但现在，我们设想的是一个新的时代。云以及与之相关的多样化和多设备体验优势，将会催生新的计算机以及对人的存在敏感的、对个人偏好响应迅速的新计算。我们努力打造终极计算体验，涵盖混合现实、人工智能和量子计算等。到2050年，主导计算世界的将会是什么？是我们提到的这些吗？还是我们目前没有想象到的某种新突破？

任何宣称可以准确预测未来技术发展轨迹的人，都是不可信任的。然而，成长型思维可以让你更好地预测和应对不确定性。对未知的恐惧会让你完全失去方向，有时还会让你陷入惰性的死胡同。领导者必须知道该做什么——以创新直面恐惧和惰性。我们要敢于投入不确定性中去，要有冒险精神，在犯错时要迅速改正，要认识到失败是成功的必经之路。有时候你感觉这就像一只学飞的鸟。你一时在天上飞，一时又在地上跑。学飞的过程并不美妙，美妙的是飞。

摘录自《刷新：重新发现商业与未来》，萨提亚·纳德拉著

编辑：王夏苇

Netflix的启示：顶级CEO要做“无情之人”

李善友 撰稿
混沌学园创办人

很多企业开启第一曲线或者说挖到第一桶金，常常得益于时也、运也，如果没有经历凤凰涅槃的过程，企业很难有长期的生命线。只有经历过从第一曲线向第二曲线转换的企业，才有基业长青的可能性。

第二曲线的本质是什么？企业要像市场“破坏”过气企业一样，敢于“破坏”自己的过气业务和过气产品。当过气的A产品和新兴的B产品之间遭遇非连续性时，企业要毫不犹豫地把资源投向B产品，大胆地“破坏”过气的A产品，切不可再将资源源源不断地倾注于A产品。

例如，腾讯起家的业务是PC端的QQ，到了移动互联网时代，腾讯又打造了现象级产品微信。QQ和微信同为即时通信产品，二者之间显然存在非连续性的竞争关系。没有竞争就意味着创新的死亡。腾讯如何选择呢？它做了一个伟大的决定，将大量的资源、人才、资金、注意力放到了第二曲线上，这才有了现在拥有10亿月活跃用户的微信。请试想一下，如果腾讯没有微信，腾讯还有今天吗？

这种从过气业务、过气产品转向新兴业务、新兴产品的过程，可以称为企业的创造性自我破坏。这件事看似容易，但做起来非常难。顶级CEO往往是“无情之人”，越顺着人性，越无法进行创造性的自我破坏，难以踏上第二曲线之旅。

第二曲线的最佳启动期是何时

那么，新的问题随之而来：企业应在何时启动第二曲线？如果启动过早，可能会影响第一曲线的正常发展；如果启动过晚，则会让企业丧失潜在的发展机会，甚至被后来者颠覆。因此，追求企业基业长青的关键点便在于何时启动第二曲线。我认为，开启第二曲线的最佳时期需要满足以下几个条件（见图3）。

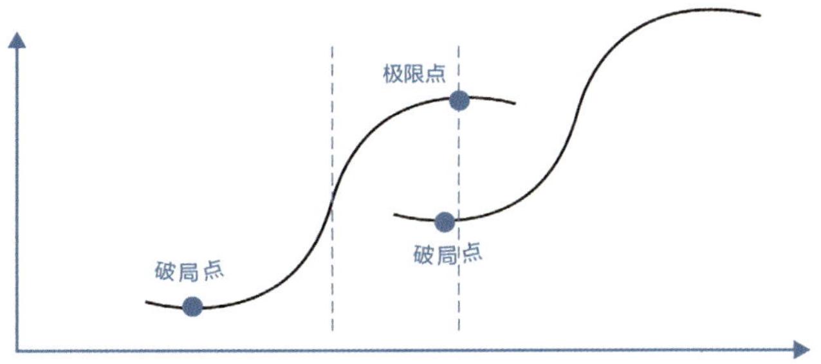

图3 第二曲线的最佳启动期

1.第一曲线已过“破局点”

如果第一曲线还没有到达破局点，此时开启第二曲线只会低水平重复第一曲线。只有当第一曲线已经迈过破局点、企业出现明显的上升趋势时，才有可能产生强劲的自增长动力。事实上，启动第二曲线的前提是必须有一条扎实的第一曲线，如果第一曲线连破局点都没有过，何谈第二曲线？

2.第一曲线还在上升，但上升加速度开始下降

当企业的第一曲线还在上升，但上升的速度已经放缓或者上升的加速度开始下降时，企业就应该考虑启动第二曲线。

3.不晚于第一曲线达到财务“极限点”

第二曲线开启最迟不能晚于第一曲线到达财务极限点。原因很简单，第二曲线刚开始的时候，整体趋势是下降的，此时需要企业的投入，也就是说需要第一曲线供给第二曲线，此时第一曲线的现金流、流量池、用户等对第二曲线来说都是至关重要的。所以，一旦第一曲线迈过财务极限点，便意味着企业此时无论如何自救，成功的概率都非常小。第一曲线的“黑洞效应”会让企业沿着既有的下滑路线走向

如果没有经历凤凰涅槃的过程，企业很难有长期的生命线。

末路。

切记，没有主业支撑的创新就是瞎折腾，而期待基业长青也是痴心妄想。埃森哲卓越绩效研究院全球研究总监保罗·纽恩斯曾与埃森哲互动技术服务前CEO提姆·布锐恩合著了一本书，书名为《跨越S曲线：如何突破业绩增长周期》，书中对“基业长青”这个词进行了全新的诠释和解读。过去，人们往往将基业长青解读为固守主业，将一件事做到极致。在纽恩斯和布锐恩看来，这种观点显然站不住脚。他们对基业长青的重新定义是企业一次又一次地跨越第二条曲线（见图4）。

越顺着人性，越无法进行创造性的自我破坏。

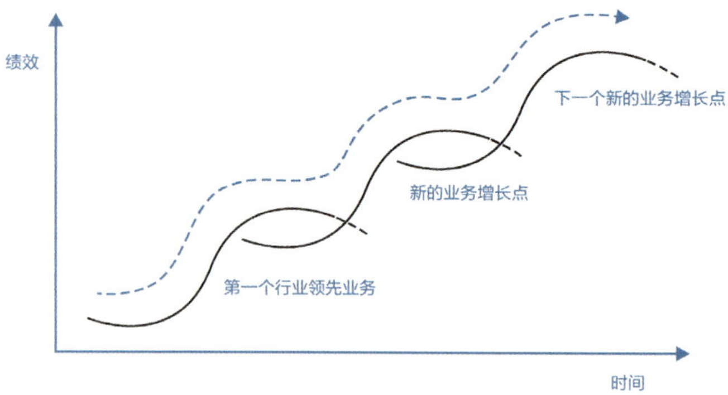

图4 卓越绩效企业之路

对于一直处于增长态势之中的企业，纽恩斯和布锐恩称之为“卓越绩效企业”。这些企业是如何走上卓越绩效之路的？答案便在于不断攀登和跨越“S曲线”。在第一个行业领先业务步入极限点之前，便提前启动新的业务增长点；在第二个业务步入极限点之前，又启动下一个新的业务增长点……如此往复，生生不息。所谓基业长青，不是让最初的主业长青，而是自我更迭出的长青。这是对基业长青的最佳定义，也是企业基业长青的必由之路。

顶级CEO预判企业的未来

Netflix是一家美国的在线影片租赁提供商，成立于1997年，主要为用户提供DVD产品和相关配送服务，以及线上影视剧的观看权限。目前，Netflix的业务已经从美国本土扩张到了世界市场。2019年，福布斯发布全球数字经济100强榜单，Netflix位居第46名。2020年，Netflix在《财富》全球最受赞赏公司榜单中位居第16名。

从成立至今，Netflix的发展呈现明显的阶段性特点。1997—2007年，Netflix的主营业务是在线DVD租赁，这10年间Netflix发展得异常迅猛，实现了非常惊人的业绩增长。2002—2006年，Netflix的下载数、收入和利润急速增长，2007年，其DVD业务更是如日中天，利润高达6700万美元（见图5）。

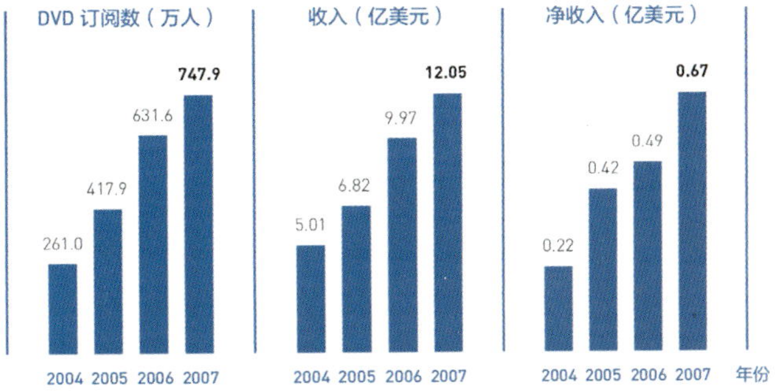

图5 2004—2007年Netflix的经营数据

资料来源：Netflix年报（2007）

然而，就在销售形势一片大好的2007年，Netflix的创始人小威尔蒙特·里德·哈斯廷斯做了一个令团队无比沮丧的预测，他预测在2013年，DVD业务将会到达极限点，届时人们将不再使用DVD机观看影片，而是会转向互联网流媒体观看视频。这个预测在当时看起来很荒谬，但实际上互联网技术发展的速度远比哈斯廷斯预测得要快，极限点提前3年（2010

切记，没有主业支撑的创新就是瞎折腾，而期待基业长青也是痴心妄想。

年）到来了。

在企业发展如日中天之时能准确预测出企业即将走向末路，这是顶级CEO对极限点的预测。那么，哈斯廷斯是依据什么做出预判的呢？其中的关键信号就是企业发展的增速下降（见表3）。

所谓基业长青，不是让最初的主业长青，而是自我更迭出的长青。

表3 2004—2007年Netflix的DVD租赁业务对比

时间	DVD业务订阅数（万人）	增长率
2004年	261.0	—
2005年	417.9	60%
2006年	631.6	51%
2007年	747.9	18%

如果单纯从盈利的绝对值来看，2004—2007年，Netflix依然持续盈利；但如果考虑到盈利增长的速度问题，2005年Netflix的增长率为60%，2006年为51%，2007年为18%，不难看出，增长率是在持续下降的。实际上，这种趋势预示着DVD租赁业务已经逐渐接近增长的极限点。正如前文所讲，第二曲线要在第一曲线仍在上升但上升速度已经开始极度减缓的时期启动。在这里，“上升速度减缓”是一个非常重要的信号。

之所以把上升速度作为判断是否开启第二曲线的重要标准，而不是以直接的财务指标为参照，是因为财务指标具备一定的滞后性。以2009—2011年Netflix的财务数据为例（见表4），2010年，Netflix公

表4 2009—2011年Netflix的财务数据

时间	DVD业务订阅数（百万人）	净利润（亿美元）	净利润增长率
2009年	12.268	1.16	40%
2010年	20	1.60583	38%
2011年	13.93	2.26126	41%

在企业发展如日中天之时能准确预测出企业即将走向末路，这是顶级CEO对极限点的预测。

司的DVD业务订阅数达到2000万人，但在2011年急剧下降。然而，如果我们只看净利润，2011年与2010年相比仍是上升的。

这充分说明如果只盯着财务指标看，就会得出虚假的结果。因为财务指标存在滞后效应，上一年的收入会体现在当年数据中，当年的财务指标可能只是攫取了往年的收益而已。因此，我们要牢记两种曲线：显性曲线和隐性曲线。显性曲线指的是财务指标，普通的CEO往往对此比较看重，而顶级CEO会看隐性曲线——财务指标背后的订阅数与用户数。

回过头来看Netflix的发展数据，我们可以发现，2011年以后其DVD业务的订阅数迅速下降，可谓触目惊心（见图6）。

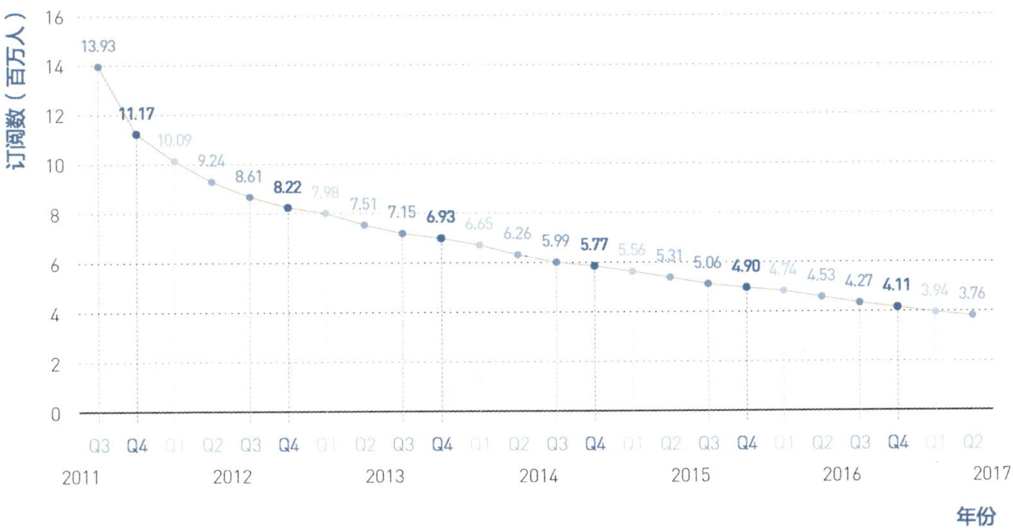

图6 2011年Q3（第三季度）至2017年Q2（第二季度）Netflix的DVD业务订阅数

资料来源：Netflix官网

可以想象一下，如果当时没有启动第二曲线创新，找到第二条发展路径，时至今日，Netflix可能已不复存在。所以，能够在每年增长率25%的情况下，提前3年判断出极限点的到来，这是一个顶级CEO能力的体现。

在信心与坚持中打造第二曲线

2007年，在预判出极限点后，哈斯廷斯做了一个重要的决策，尽管当时DVD业务的盈利依然非常可观，但他坚持推出了第一款流媒体产品WatchNow，也正是这个决策让Netflix在2010年取得了转折性的胜利（见图7），在DVD业务达到极限点的那一年，流媒体的订阅人数超过DVD服务——当第一条曲线到达极限点时，第二条曲线的增长超过了第一曲线，堪称第一曲线与第二曲线的完美交替。

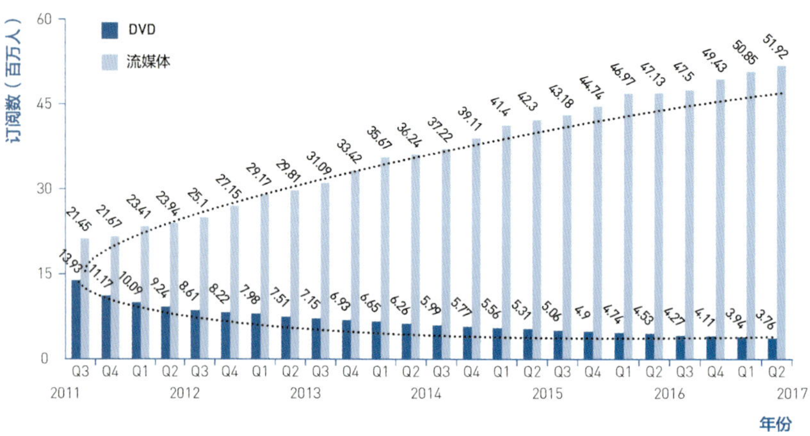

图7 Netflix第一曲线与第二曲线的交替

资料来源：Netflix财报

在外人看来，哈斯廷斯不过是对企业经营的主要业务进行了阶段性的调整，但这一转变执行起来非常困难，如果哈斯廷斯不具备强大的心力，很难实现这种超前的业务转变：

2007年，WatchNow流媒体服务刚推出时，只有1000个视频内容，包含在Netflix每月5.99美元的实体DVD订阅计划中，凡是订阅用户都可以免费观看这些视频。事实上，在WatchNow发布时，Netflix的经营已经陷入困境，然而哈斯廷斯不顾一切地推进流媒

如果只盯着财务指标看，就会得出虚假的结果。

敢于承认失败需要巨大的勇气，而在唱衰的声音中坚持自己认为正确的事情需要更大的勇气。

体计划，将2007年6700万美元利润中的4000万美元投入流媒体技术的研发。

第二曲线就这样在第一曲线订阅服务的终点以赠送品的形式产生了。然而，当年的流媒体技术其实非常基础，即使是传输速度最快的宽带也缺乏处理高分辨率视频的能力，这意味着流媒体总体视频质量远不如DVD，在大家的眼中只是一个边缘产品。因此，市场上没有人支持他这个疯狂的举动。

当时，人们这样评价他："他看起来像是在押注一匹已经要输了的马。"当我看到这句话的时候，对哈斯廷斯由衷地钦佩。因为敢于承认失败需要巨大的勇气，而在唱衰的声音中坚持自己认为正确的事情需要更大的勇气。"真理往往掌握在少数人的手中"，所以，能够创造历史的人，除了拥有杰出的洞察力和过人的能力，信心与坚持也是不可或缺的。

其实，哈斯廷斯的信心也不是无根之木，早在2001年、2004年、2006年的时候，他就已经进行了流媒体服务测试：2001年，他投资100万美元研发Streaming；2004年，成立独立团队WhiteSpace；2006年，开始测试免费Streaming。通过对单一要素的持续强化，哈斯廷斯逐渐把第一曲线中的赠送品成功地最大化为第二曲线。

破坏性创新带来长期增长

随着流媒体业务的开展，到了2011年，Netflix同时有了两个业务——DVD业务和流媒体业务，这两个业务之间还存在竞争关系。DVD业务有利润，但是没未来；流媒体业务有未来，但当时还处于严重亏损的状态。

我们可以设身处地地想一想，如果你是Netflix的CEO，会怎么办呢？无外乎两种选择：其一，将两种业务合并；其二，将两个业务线分拆。每个人都会有自己的选择，当时的哈斯廷斯选择了分拆，并且分拆的方式用“疯狂”二字来形容也不为过：

2011年，Netflix宣布将流媒体业务和DVD业务分拆为两个不同的订阅包。他把耳熟能详的“Netflix”这个名字赋予了还处在挣扎阶段的流媒体业务，与已经上市的公司联系起来。而原有的主营DVD业务则更名为“Qwikster”，相信直到今天很多人都不知道该怎么拼这个名字。

实际上，在2011年，DVD业务的利润仍然显著高于流媒体业务，但哈斯廷斯仍然坚持在公司的未来业务——流媒体业务上加大投资力度。这样的选择让哈斯廷斯被用户和华尔街痛骂，他被杂志评为当年最糟糕的CEO，Netflix的股价也严重下跌，市值缩水了80%。哈斯廷斯却说：“我不看现在，我看的是未来。”

亚马逊创始人贝索斯也说过类似的话：“所有只能产生短期利润的项目都不重要，无论现在赚多少钱；能够产生长期现金流的项目才是重要的，无论现在亏多少钱。”哈斯廷斯也正是在这样的理念下做出了艰难的抉择。

所有的创新在一段时间之内都要忍受别人的误解，想要穿过欺骗性恐慌区，需要具备两个能力：第一，一定要想清楚；第二，要有心力能坚持。可以说，如果不是哈斯廷斯用尽心力支撑了下来，今天的Netflix早就不复存在，更不会有教科书般的曲线产生（见图8）。

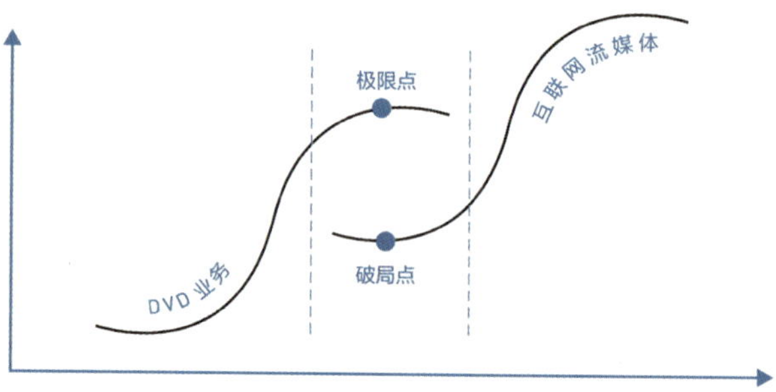

图 8 Netflix 的创造性自我破坏

想要穿过欺骗性恐慌区，需要具备两个能力：第一，一定要想清楚；第二，要有心力能坚持。

顶级CEO有一项长期责任，领导开发一项我们称之为破坏性创新引擎的流程。

流媒体服务的提出并不是哈斯廷斯对Netflix主营业务做出的唯一调整，2013年，哈斯廷斯又启动了第三曲线——以美剧《纸牌屋》为代表的内容制作。从Netflix股票价格变化的趋势不难看出，Netflix的股价原本长期持平，两次股价上涨都与第二曲线和第三曲线有关系（见图9）。

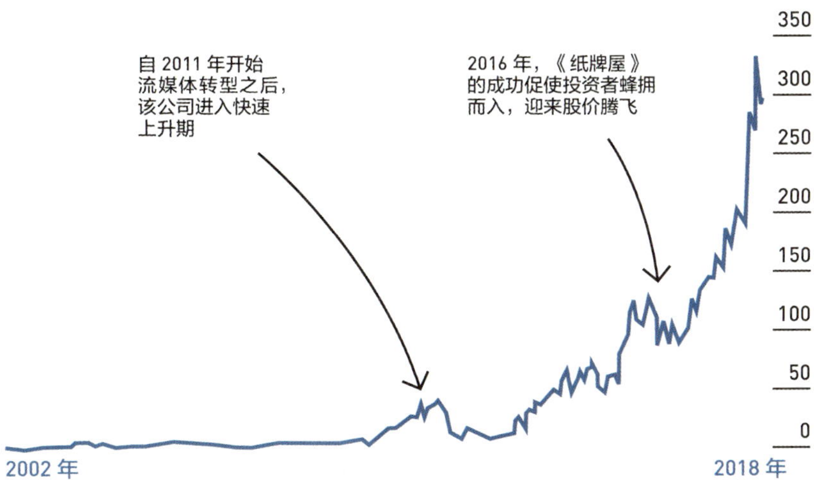

图 9 Netflix 的股价变化

资料来源：彭博新闻社

股市看重的是一家企业的未来长期增长，哈斯廷斯通过打造第二曲线和第三曲线，证实了企业长期发展、持续盈利的能力，所以Netflix上市以来实现了指数级的增长。

Netflix当年的竞争对手也是一个做录像带的巨头企业，如今已然倒下。如果不转型流媒体服务，那么Netflix也会面临同样的命运。因此，我们要认识到，当第一曲线面临极限点的时候，再想管理这样的企业已是无力回天，唯一有用的办法就是提前预测，开启第二曲线创新。

结语

克莱顿·克里斯坦森在《创新者的解答》一书里讲过一段话："顶级CEO有一项长期责任，领导开发一项我们称之为破坏性创新引擎的流程。通过这个流程，企业可以反复成功地启动成长业务。遗憾的是，就我们所知，迄今为止还没有一家企业打造出永不熄火的破坏性创新引擎。对大多数企业来说，破坏、颠覆或者创新，只是一次性的偶发事件。"

虽然几乎没有企业能够万古长青，但这并不意味着打造破坏性创新引擎是不可能完成的任务，在我看来，第二曲线似乎就是这样一种破坏性创新的引擎。

整理自《第二曲线创新》（第2版），李善友著

编辑：王夏苇

《第二曲线创新》（第2版）
李善友 著

人民邮电出版社
2021年1月

企业新业务少“踩坑”的8个提醒

陈明 撰稿

华夏基石集团副总裁
华夏基石产业服务集团联合创始人

近些年，大多数企业创始人都焦虑一个问题：主航道发展虽然不错，但增速已经放缓，如何拓展新业务，开辟第二跑道，寻找另一个增长极？在不确定的经济环境下，这个问题颇为紧迫，也颇为愁人。很多企业苦苦探索而不得其法，踩了无数“坑”。

一家企业要想发展壮大，新业务、新的增长极或新赛道的成功开辟确实是必须经历的，尤其是当企业成长到一定体量规模的时候。我对近几年成功辅导这类业务的经验进行了系统的提炼和总结，以期让读者朋友少踩一些“坑”。

透视新业务：并非都叫第二曲线

首先要厘清两个概念：一是“业务”，是指为了把产品和服务销售给客户的一组活动；二是“赛道”，一般将其用于行业和领域分类，也用来形容一个行业或领域内的竞争关系。

企业的经营管理必须聚焦到围绕客户开展有效的业务活动上，业务活动有效与否事关企业的生死。而且，任何一项业务都有生命周期——客户的“欲望”是无止境的、变化的，加上渠道、竞争等多方面因素，导致任何一项业务都具有一定的“寿命”，不可能出现“一劳永逸”的业务。一家企业要想活得长久，必须基于时间对业务有短、中、长期的规划，也就是所谓的现实业务、种子业务或战略业务。如果从增长的角度来说，可以理解成第一增长曲线、第二增长曲线等。

企业的方向大致确定了，也就是赛道基本确定了，产品与业务基本定型了，在市场中得到认可，客户的订单开始多起来了，于是企业开始回收资金，具备造血功能，进入良性循环，此时可以说企业基本活下来了。接下来，就必须集中精力和资源应对大规模业务运作，尤其是研产销的协同或平台的大规模放量。这个过程中，企业模式必须从产品经营转换成企业经营，也就是企业要发育职能，形成自己的核心竞争力，形成自己的可持续、可复制能力，企业就由小到大开始成长起来了。可是，很多企业这时候开始“迷茫了”、不聚焦了，产品型号、产品线多起来，甚至在全产业链布局，往往陷入一种“力小任重”的窘境。

企业的新业务不是“小打小闹”，给产品增加一点功能、做一点差异化等，这些算不上新业务，充其量只是多了一个产品型号或产品线。新业务必须有规模。比如，我服务过的一家企业已经做到了300亿元的销售规模，在市场占有率上做到了全球第一。这时候，它选择的某项新业务，如果做到第一名也只是十亿级销售规模的话，实际上是没有意义的。

很多优秀企业在发展过程中会提“再造”的概念——“再造一个某某企业”（可能也伴随流程再造或模式再造），实际上，一项新业务的体量规模和现有业务的体量规模至少要旗鼓相当，或至少是同一个量级，这样的新业务或第二增长曲线才有意义，才能说是“再造一个某某企业”。企业只有从大局的角度出发，经过相对深入的思考，赋予“再造”特定的和相对明确的含义，才能确保以全力推动企业转型升级的成功，促使企业发展更上一个台阶。

新业务的体量规模和现有业务的体量规模至少要旗鼓相当，或至少是同一个量级，这样的新业务或第二增长曲线才有意义。

要强调的是，企业尽量不要随便启动新业务，除非现有业务已经做到行业数一数二，没有精进的空间了。很多中小企业规模上不去的原因就是产品线或业务线做得太多，每个规模都差不多，离单项冠军却差得远，白白分散掉宝贵资源，也没有给企业带来实质性改变，这样的企业最终是缺乏竞争力的。

当然，也会出现一种情况，即一开始并不知道哪

企业尽量不要随便启动新业务，除非现有业务已经做到行业数一数二，没有精进的空间了。

项新业务前景广阔，谁也不能准确预测。

比如，20世纪四五十年代计算机刚刚面世的时候，许多专家预测全世界只需五台计算机就足够了。根据产业史来看，很多新产品刚上市的时候，并不清楚市场在哪里，但随着工程技术、材料等进步，产品造价越来越低，市场会越来越大，甚至大得出人意料。

何时启动新业务：“天晴的时候修屋顶”

何时启动新业务？这是在很多企业中引起争议的问题，有两类情况值得注意。

一类情况是企业有发展新业务的冲动。大多数中小企业都有这种冲动，企业规模不大，却有好几条业务线，尤其是账户上有钱的时候（如上市募集了资金）。另一类情况是企业创始人对市场比较敏锐，善于捕捉商机，加上接触面广、消息灵通，企业账上有钱，就认为到处都是赚钱的机会，旁人知道你账上有钱，都会非常“乐意”推荐新业务，描绘一幅赚钱的广阔前景，但其实绝大多数都是“坑”。很多企业创始人特别是一些上市公司创始人都在启动新业务上有“痛苦的领悟”，“交了学费”才幡然醒悟，还是要聚焦主航道。

还有一类情况也比较普遍：创业之初，企业启动了多条业务线——我与此类多业务线的中小企业老板深度交流过，普遍的观点是，技术专家创办企业，最难的就是不知道真正的市场在哪里，不知道大致方向在哪里——一开始并不知道哪个是主航道，只能开辟多航道来试探，一旦试探出来主航道，就需要聚焦了，但很多企业创始人“舍不得”砍掉试探性业务，因为一方面有客户为它们买单，另一方面它们从企业创立之初就一同成长，有感情了，说停掉就停掉，还真不容易，尤其是赚取过第一桶金的业务，就更难割舍了。

企业的每项业务都有生命周期，新业务必须培育，第二增长曲线必须适时开拓，时机选择是最关键的。例如，现有业务的市场规模快速增长的时候——企业的主营业务以翻番的速度增长，这意味着市场肯定要发生变化，此时就是布局新业务的好时机。俗话说，“天晴的时候修屋顶”。

企业需要做到业务结构的平衡，也就是新业务和相对成熟业务的平衡，既要尽最大可能收获现有业务的市场红利，又要布局新业务赢得未来。一般来说，应以5—8年为一个周期来规划一项新业务，也就是5—8年后新业务要能成为一个顶梁柱。

谁来负责新业务：不要押宝新来的牛人

很多著名企业的创新业务一直发展不起来，其实不是没有机会，而是人找得不对。很多企业管理者总想招一个牛人来帮助企业把新业务做起来，但实际上这是一个“大坑”——新人做新业务好比赌博，大概率会输，做不成的概率极高。

那么，谁适合做新业务呢？新业务的领军人物一定是具有一定的企业家精神、高度认同企业文化、获得企业管理者真正信任并且能力得到验证的人。

新业务具有一定的开拓性，从0至1开始时面临很多不确定性，需要发扬企业家精神，突破资源约束，奋力拼搏。所以，新业务的领军人物一定是企业现有人才当中最优秀的，要有成长思维、奋斗精神、主观能动性、较强的综合能力，要善于“无中生有”，想办法把事情做成，不能有“有多少米就包多少粽子”的思想。否则，新业务拓展只能停留在嘴上、会议上或文件中，实际成效不佳，白白贻误战

既要尽最大可能收获现有业务的市场红利，又要布局新业务赢得未来。

如果企业内部没有合格的新业务领军人物，企业创始人就得“卷起袖子”，自己“领军上战场”。

机，错过“机会窗口”。

新业务的拓展一般采取试错、迭代的方式，其业务发展还不“成形”，多数时候还比较“丑陋”，充满质疑和争议。如果用相对成熟业务的管理手段来管控新业务，好比让小孩子肩负100斤重担前行，这样做的话，新业务大概率会“夭折”。所以，要放开手脚让新业务团队自己去跑，并提供必要的资源支持。关键的时候，企业创始人还要“力排众议”，力挺新业务团队。

这些都只能依赖两个字：信任。如果企业内部没有合格的新业务领军人物，企业创始人就得“卷起袖子”，自己“领军上战场”。

如果新业务发育必须引进人才的话，有没有“胜算”大一点的办法？最好把曾经有过成功实践的整个团队“成建制”地一起引进，但团队中必须安排企业创始人的“熟人”，同时必须设计机制激活团队力量，比如采用事业合伙人机制，尽量少用管理手段。

投资界有一个说法：团队优于赛道。赛道再好，如果团队不对，还是没有用。团队不错的话，迟早能成事。

另外有必要谈谈激励政策。激励的原则是鼓励大家向前冲，薪酬必须有竞争力，新业务做成了，团队必须获得不错的总收入。具体而言，一般可以采取短期加长期激励相结合的办法：在短期激励上，每个月的薪酬可以基本上保持平均水准，如果薪酬标准定得太低，不利于吸引优秀人才加盟，成功率肯定不会高。至于中长期激励，主要有两种方式，一种体现在股权、期权上；另一种是采取追溯制，等到新业务做成了，再弥补一下新业务团队前期收入较低的部分。

总之就是一句话，“新团队、新机制、新办法”。有的企业甚至进行“物理隔离”，让新业务办公室远离“旧都”，但必须有风险控制意识和机制。

新业务怎么管：管理层次宜高，资源下放宜低

激励的原则是鼓励大家向前冲，薪酬必须有竞争力。

很多企业在发展新业务的时候，有个问题总是不能引起足够重视，就是新业务管理层次的问题——新业务发展不起来，大多数是因为新业务板块的管理层次比较低，放在事业部、产品线或分公司等层面进行管理。这些部门一般承担短期利益的责任，而新业务属于中长期利益。让一个部门既负责短期利益，又负责长期利益，负责人就总是会被短期利益的事务牵涉精力，新业务的有关决策总是会排不上日程表，因为不着急啊。明日何其多，有关新业务的事务总是为紧急的短期利益的事务让路！

所以，新业务的管理层次要尽量高一些，一般至少有一个高层管理者专职负责新业务，对企业未来非常关键的新业务甚至可以由最高负责人直接管理。有的企业设立了新业务的"绿色通道"，新业务有关决策事项可以优先、快速直抵核心决策层。

新业务的架构设计也有"讲究"：要尽可能把资源"下放"给新业务，组织方式要尽可能形成闭环。

很多企业的新业务做不起来，是因为一开始就是类似"矩阵"的组织方式，理论上主要的部门都会派人参与，但组织比较复杂，需要种种协调，信息不能形成闭环，业务无法进行快速迭代。

新业务适合采取闭环的组织方式，也叫"纵向打穿"，最大好处就是反应速度比较快，便于快速试错、快速迭代，适应数字时代的要求。这可能会存在一定程度的资源浪费，但"速度"重于"经济"，可以等到新业务做起来并形成一定规模之后再考虑"横向拉通"，形成平台化的组织形态，那时资源集约化使用、效率问题才是重点。

在这一点上，新业务的探索者尤其要注意。

管理政策：
设置基本原则，注意动态调整

新业务的管理一直是实践上的难点，我归纳和总结了一些优秀企业的做法：

第一，复盘。企业决策层在决定上马新业务之前，一定要讨论新业务的目的、目标和期限，要达成共识。在每个关键点，决策层都要对照实际进展与预期进行复盘和修正，如果实际进展与预期相差较远并在规定时间内没有突破的话，就要果断终止新业务，或者及时止损。

第二，严格原则。如果新业务进展不理想或者无望，决策层决定停止拓展，可能不会引起争议。最怕出现两种情况：一种情况是不温不火；另一种情况是感觉差一点点就能成功，再给点时间，再增加点投入，就有希望。这往往会引起决策层的争议与分歧。针对这两种情况，必须设立关键里程碑、节点、期限，达不到要求就必须果断做出关闭的决策。这种项目会引起企业“失血”，好端端的企业都可能被拖到危险境地。

第三，后悔原则。每隔一段时间，决策层要针对新业务的成长情况问一个问题：这项新业务放在当下，投还是不投？如果回答是否定的，要立马行动，进行“善后”处理，至少不能再投入资源，将资金、优秀人才和稀缺的管理资源投入更有成功把握的事务中。

新业务的管理关键，在于根据不同阶段采取适合的管理手段。比如，在0—1阶段，新业务正在探索，还没有成形，管理的重点就是考核关键事件或里程碑节点。当新业务的市场规模快速增长的时候，管理考核重点就是市场占有率，侧重收入规模。当市场规模增长放缓或见顶时，管理考核的重点就是人均效率，追求有质量的增长。

新业务的管理层次要尽量高一些，一般至少有一个高层管理者专职负责新业务。

资源配置：关键是捕捉机会窗口

数字时代，针对新业务的资源配置与工业时代不同，要符合数字时代的特征。

工业时代，确定性相对比较大，变化比较缓慢，呈现线性变化关系，是“有迹可循”的，在战略机会点或关键环节可以采取“聚焦”战略，实施“压强”原则，“针尖顶破天”。但整个数字时代处于不确定性之中，事物的变化处于加速度状态，走势不好把握，“黑天鹅”事件经常发生，“跨界打劫”似乎成了家常便饭。

所以，在数字时代，谁也不知道哪项新业务能“跑”出来，针对新业务的资源配置，开始时只能采取“撒胡椒面”的方式，随着确定性增强，资源需要逐步聚焦，哪项业务赢面更确定，资源也就更聚焦，甚至进行资源“饱和攻击”，让新业务早日投放市场，抢占机会窗，获取相对高毛利。有的大企业资源比较丰富，针对具有战略意义的新业务会采取“多路径，多小组”的形式，齐头并进，内部“赛马”，良性竞争，一旦谁有“冠军相”，就把其他团队并到一起，支持“冠军组”全力冲锋。

新业务的不同阶段对人力资源的要求也是不同的。根据曾鸣教授的划分，新业务处于0—0.1阶段时，对人力资源质量要求比较高，关键不在数量，换句话说，就是要求具有企业家精神的牛人领衔进行探索。当新业务进入0.1—1阶段时，战略开始“收敛”，此时需要抱团打天下，形成核心团队。新业务处于1—10阶段时，已经属于放量的“前夜”，需要构建组织力量，依靠大组织力量才能把握市场大机会，此时需要会建立组织的牛人，否则一旦市场兴起，尤其是大赛道形成，一些“大块头”就会蜂拥而至，凭借强悍的组织力量收割市场红利，企业如果组织资源不够或能力跟不上，就会“起个大早，赶个

要尽可能把资源“下放”给新业务，组织方式要尽可能形成闭环。

新业务的管理关键，在于根据不同阶段采取适合的管理手段。

晚集”，为“大块头”做“嫁衣”。尤其是现在的机会窗口期变短了，这种现象更明显，一家企业如果不能在机会窗口内形成“席卷之势”，即使踩到风口，也基本没戏。

数字时代就是这么残酷，大企业具有侵略性，所到之处“寸草不生”，中小企业活得很不容易。一旦市场兴起，中小企业也很可能因为没有庞大的组织资源，无法去收获大市场的果实。所以，中小企业的生存之道之一就是选择“鸡肋市场”——“大块头”不感兴趣，“小家伙”们做不了。

还有一点必须强调，很多时候新业务探索成功，反而会让企业陷入危险境地。这是为什么？因为新业务成功了，要乘胜追击，就需要消耗更多的资源，此时企业必须进行更大的投入，并且在短期内形成较大的投资密度，同时打造相应的组织力量，否则就把握不了巨大的商机，白忙活一场。你投入了资源，打开了市场，最终的赢家可能不是你。这也是一种成功的陷阱。

赋能：平台要真正共享资源和知识

要想新业务茁壮成长，必须给它们赋能，平台的作用日益凸显。“白手起家”虽然很励志，但越来越难了。“赋能”是个热词，我们必须理解其本质内涵。

从企业层面来看，赋能主要指提供资源和知识，并让资源和知识统一于业务拓展，统一于服务客户。根据管理大师德鲁克的观点，知识是有价值的信息。企业不是知识的搬运工，而是知识的加工创造者。经营客户从本质上讲就是经营知识。

如何为新业务赋能呢？一般来说，新业务拓展面临“三缺”：缺钱、缺人、缺客户。赋能新业务涉及品牌、资本、人才、市场等要素及管理机制（有效组织起来并不断匹配业务发展）、知识的共享，还有企业或平台提供“背书”。

第一，企业或平台的“背书”是一种赋能，本质上是给市场提供信息，便于新业务被客户和合作伙伴了解、识别，降低契约风险。

第二，技术、工艺以及渠道、客户等方面的赋能，本质上是一种知识共享和创造。共享技术、工艺属于知识共享很容易理解，共享客户、共享渠道（渠道也可以理解成客户）的关系，其实也是共享知识，是深刻理解和真正把握客户的痛点，为客户创造价值。尤其是在数字时代，有一种特别重要的共享——数据共享，这是非常重要的赋能，用俗话说就是给新业务导流量。

第三，人才的赋能，体现在文化上统一以及知识共享等。

第四，物质的赋能，比如物理空间、产能设备、工程工艺等方面的共享。

种种给新业务的赋能都是在降低风险，有利于新业务从生到长，提高成活率。

处理新旧业务关系：本质是革自己的命

新旧业务的关系处理也是企业经营中的一大难题，至少涉及两个方面：

一方面，新旧业务协同。业务协同必须从机制设计来保障。一般来说，新业务的前期拓展都有一个投入期，“赔钱”比较多，需要相对成熟的业务“输血”。

企业在设计新业务顶层利益机制的时候，旧业务的“势力”应该占有一定股份，即使新业务的拓展烧的是投资人的钱。道理很容易理解，因为新业务需要旧业务的支持协同、企业或平台的“背书”、赋能等，否则会让人感觉新业务和旧业务没什么关系。

知识是有价值的信息。企业不是知识的搬运工，而是知识的加工创造者。经营客户从本质上讲就是经营知识。

革自己的命最难，难在利益取舍。

另一方面，新旧业务平衡。如果新旧业务是“左右互搏”的关系，就很难处理。什么叫“左右互搏”？新业务要革旧业务的命，企业、企业家要自己颠覆自己。大多数企业处理这种关系都不是很成功，革自己的命最难，难在利益取舍，难在会极大影响企业在资本市场的表现。

这就是产业史上著名的“创新者的窘境”。绝大多数行业是被“小人物”或“边缘人物”颠覆的，但也有少数企业创造过奇迹，持续站在“浪潮之巅”，比如个人计算机时代的IBM公司。

所以，在技术浪潮来临的时候，一定要建立新业务团队，用不同的人和不同的机制全力推进，容忍短期利益受损。切忌犹豫不决、半途而废、不果断、纠结过去。

整理自《华夏基石管理评论》，有删改

编辑：王夏苇

一棵湖边树，几抹雨后山。有念心生梦，无事人自闲。

插画摘自 @ 老树画画

读书

READING

人到壮年如何焕发事业“第二春”？

朱丹 撰稿
意义时代研究院创始人
觉醒商业倡导者

如果我告诉你，到2030年，也许今天一半的工作岗位都将消失，那如何让自己为一个可能不复存在的并且无法预见的世界做准备，找到赖以为生的新工作和人生的新角色呢?

这是一个很深刻的哲学问题，大多数人无法理解背后的深刻含义，甚至很多人说：你这话是矛盾的，我们做不到。确实矛盾，但高级智慧就是让大脑里有两个矛盾的观点同时存在，并能游刃有余。

现在，请你准备一点时间，尝试和我一起分析这个问题。

戴维酒吧的故事

首先看一个故事，在《第二曲线：跨越“S型曲线”的二次增长》一书中，“管理哲学之父”查尔斯·汉迪举了一个有意思的例子。

有一次，汉迪在驾车穿过威克洛山脉时迷了路，碰巧看见一个正在遛狗的人，于是询问通往目的地阿沃卡的路。

遛狗的人说：“你沿着山路直接向上开，然后再往下开大约一英里左右，来到一条有座桥的小溪旁，小溪的另一边是戴维酒吧，你肯定不会错过的，因为它是亮红色的。这些你都记下了吗?”

“记住了”，汉迪答道，“往上直走，然后往下，一直到戴维酒吧。”

“非常好，在你离戴维酒吧还有半英里的时候，向右转往山上开，那就是去往阿沃卡的路。”

当时，汉迪并不明白这怪异的爱尔兰式指路逻辑。直到开始讨论第二曲线的挑战时，他才发现二者有异曲同工之处。“离戴维酒吧还有半英里的时候，向右转往山上开”，太多的企业和个人，他们就像汉迪当年要去阿沃卡一样，一直等到抵达戴维酒吧才发现为时已晚，因为已经错过了通往目的地的路，最后只剩下懊悔。

以面向未来的方式活在当下

我来解读一下这个隐喻：戴维酒吧是什么？是你当下的一个清晰又显眼的目标，那是众所周知的地方，在你的人生道路上，你自己和其他人都看见了戴维酒吧，可你真正的目的地是阿沃卡。于是，当你走向亮红色的戴维酒吧时，你一定会错过阿沃卡，而且，当你发现错过的时候，已经永远回不去了。

这就是人生。你明明知道未来的方向已经在那里，但在当下，你有房贷要还，你有生活要过，你有孩子要养，你身不由己，所以，你会去人人都知道的戴维酒吧。你原本需要在离戴维酒吧半英里的地方右拐，但是你没有。

这就是人生。我甚至不知道你是否读懂了这个故事，这个故事可以说是查尔斯·汉迪的《第二曲线：跨越“S型曲线”的二次增长》唯一的核心、唯一的观点、唯一的启发。

我们身处第一曲线中，真的既要养家糊口，又要维持生计，同时，我们又不得不走向阿沃卡，那是未来的方向。在这个充满悖论的命题里，如何才能走向未来的方向呢？答案就是启动第二曲线，其核心是真正打开个人成长的思维束缚，以“面向未来”的思维和行动实现不断成长。一边在当下，一边在未来，以面向未来的方式活在当下。

真正打开个人成长的思维束缚，以“面向未来”的思维和行动实现不断成长。

从佛法的视角来看，一切都逃不过“成住坏空”，一切都逃不过“成住坏空”。

一切事物的发展都遵循生命周期的自然规律，即诞生、成长、成熟、衰退的过程。每个人的人生和事业也一样，一定都会经历诞生、成长、成熟、衰退，即使是坐拥1000亿元的马云或者黄铮，依然都要经历这条曲线。但是，同样是面对这条曲线，高手和常人的做法却完全不同——常人被这条曲线支配，高手却能驾驭这条曲线。

进一步说，“成住坏空”曲线的周期如今变得越来越短，从开始到衰退，过去可能需要10年时间，现在可能只需要2年甚至1年。那么，对于企业而言，如何才能在越发变化无常的市场环境中存活下来，努力实现基业长青？对于个人而言，如何才能让自己的事业生涯不在40岁的壮年时代走向落寞甚至戛然而止呢？

在人生走向高峰时寻求二次腾飞

查尔斯·汉迪给了一个特别简单的答案，当你的第一曲线走向高峰的时候，也就是你觉得“自己现在过得太好了”“人生快要来到巅峰了”，此刻，你要去做一件事情：

马上开启第二曲线。马上开启第二曲线。马上开启第二曲线。

我们要不断重复这句话，因为大家心中往往存在惯性的思维模式，以为靠自己的顽强努力，就可以一直将第一曲线维持下去，可是现实告诉我们，这是不可能的。

为什么要在人生的第一曲线走向高峰的时候开启第二曲线？关键就在于：第二曲线在开启之初，一定是投入多而产出少。如果没有第一曲线的高产出，第二曲线的高投入就无法进行，这时，人将不得不被捆绑在第一曲线，直到第一曲线衰退、消亡，这就是为什么大多数人的人生、事业都逃不过由盛转衰的宿命。

我们必须在第一曲线，即现有事业还处在上升阶段时，就启动打造第二曲线，即新的事业。只有在第一曲线到达巅峰（极限点）之前找到自己能够二次腾飞的第二曲线，并且使第二曲线在第一曲线达到顶点前开始增长，以弥补第二曲线投入初期的资源（金钱、时间和精力）消耗，才能实现永续增长。

从热爱中找到未来

很多年之前，我也有过不知道自己要做什么、生命充满无望和无助的时刻，但如今已经完全不一样了，我每天早上5点多就迫不及待地起床工作，而且常常是笑着醒来的。我想，不断地尝试和探索自己的人生新曲线，找到自己所热爱的，就是其中关键。因为热爱，我才能坚持自律，每天看书、听课，同时也愿意同他人分享。

我是从2012年辞职之后开始自我探索的旅程的，这些年里，我做过很多事情。2014年，我做金融投资，担任一个军工产业基金的负责人。2015年，我启动了一个私董会，前前后后做了3年时间。这项事业让那时的我找到了心流的感觉，过程中也遇到过很多困难，但我都能带着热情去克服。2018年，我加入混沌大学成为一名创新领教，在这段经历中，用自己的知识和智慧帮助他人，让我很有价值感和成就感。我发现这就是我的热情所在，在研究、探索内在心灵成长上，我可以不知疲倦地工作。于是在2021年，我开始创业，致力于赋能个人成长、企业成长。

凡是你喜欢的、持续关注的，就是你的热情所在。

回头来看，一路走来，我不断在良好的状态下开启新的探索。如此往复，生活和事业都越来越好，一切都处在正向飞轮的过程中。其中也有过一些工作只做了几个月就终止了，我一度也为此自责，因为有旁人说：你这样不够坚持啊。但是，现在我终于知道了：

人生不需要坚持，不喜欢就不要勉强坚持，当我们遇到了喜欢的事情，是不需要刻意坚持的。凡是你喜欢的、持续关注的，就是你的热情所在。

在探索人生新曲线的这些年里，我逐渐确定了几件事：

我热爱在现实生活中过得丰盛饱满，同时又坚守自己的价值观和使命，工作和生活不冲突，开心做自己的同时开心赚钱。

我热爱讲课，在备课的过程中，我能找到沉浸的心流状态。

我热爱探索一切关于心智成长的方法和工具，然后不断在自己身上实践，就像李时珍一样，尝百草之后将结论整理出来，帮助其他需要的人。

另外，我也是一个行动力在线的人，只要是我想到的事情，我就会立刻行动，在行动中不断纠偏。某种意义上，行动力比思考力要重要得多，很多人都败在了每天做“思想实验”上，那样结果往往是一事无成。

最后，还有一个绕不过去的问题：一个人从热爱的事中究竟能赚到多少钱呢？我想，一看市场，二看时间，三看个人努力。

如果你找到了自己热爱的事情，不要让它仅仅作为你个人的享受、消遣，可以试着一边钻研、一边放在市场上验证，让市场来回答，你的热爱究竟价值几何。

《第二曲线：跨越“S型曲线”的二次增长》
[英]查尔斯·汉迪 著
机械工业出版社
2017年6月

编辑：王夏苇

延伸阅读

查尔斯·汉迪的第二曲线随想

按常理，当其他条件不变时，如果一切运转正常，人们很自然地希望第一曲线继续发展下去，有什么理由不把它现在的成功作为对未来的预期呢？然而，成功往往会蒙蔽人们的双眼，打消人们的疑虑，不断巩固原有的成功模式，只有在回顾过去的时候，人们才会发现“那就是巅峰，那就是我们本应该重新思考的时刻”，但不幸的是，这种“事后诸葛亮”是于事无补的。

第一曲线的成功可能会让人们对潜在的新技术和新市场视而不见，从而使他人抢占先机，哈佛商学院的克莱顿·克里斯坦森教授将其称为“颠覆式创新问题”。比如，柯达公司忽视了数码摄影的可能性，等它回过神来为时已晚。这样的例子有很多，许多企业让外来者侵入，或者用我的话说，代替它们创造出了新的曲线。现在新技术的出现每天都在为人们提供创造新曲线的机会，识别并抓住这些机会是政府乃至企业面临的新的战略挑战。

但是话又说回来，当你的收入、生产率或者名望正在下降时，便很难再去考虑任何新事物。每一个经历过失业的人都会懂得重拾自信、振作精神有多么艰难，更别提进行一些有潜在风险的投资了。政府在这方面做出决策跟个人一样困难，这也就能直观地理解为什么凯恩斯主义者提出的关于走出经济衰退的投资难以被执行了——当钱本来就紧缺的时候，再加大投资是有悖常理的。当形势本就严峻的时候，再考虑第二曲线就会更困难。对企业来说，这意味着与自己竞争，甚至是取代自己现有的产品，所以应该在形势向好、衰退开始前就考虑第二曲线。

一些机构和个人确实在第一曲线下降时，为了创造第二曲线做出了巨大的努力和牺牲，因为第二曲线在初始阶段是下降的。在企业里，这意味着削减员工数量和管理费用，进行组织架构重组，甚至往往会涉及高管人员的更迭，而最为痛苦的是放弃一些原本珍爱的产品和市场。在现实中，这些伤筋动骨的事只有当企业面临被接管时才会发生，否则一定会饱受质疑。

回顾我的经历，我自己是在无意识的情况下，在对的时间做了对的事情。每次我都是在自己的工作到达巅峰之前离开，然后开始新的曲线。从财务状况上看，刚开始是下降的，因为我要投资新的学习；一段时间以后，新曲线开始起飞，趋向巅峰。而且我认为对我自己而言，一条更宏大的曲线还未到来。许多人在他们的人生中也有类似的经历，从一份工作换到另一份工作，不知不觉地沿S型曲线的轨迹攀登，但第二曲线的思维远远超越了个人职业生涯的范畴。

苹果公司的史蒂夫·乔布斯据说是一个很难共事的人，但他极其精通第二曲线。在苹果公司推出的MacBook大获成功之后，乔布斯和他的创意团队就已经着手推出iPod并进军商业音乐界了，而当iPod占领市场的时候，乔布斯又开始设计完全不同的新产iPhone，同样获得成功之后，又开发了iPad。每一条新曲线都是在上一条曲线达到巅峰之前就已经构想完毕；每一条新曲线都源自上一条曲线，但又指向完全不同的市场——乍一看似乎非常冒险，但对于乔布斯而言却是合乎逻辑的第二曲线。如今苹果公司的产品似乎形成了一套天衣无缝的体系，但这既不是必然的，也不是意料之中的。第二曲线还能否在苹果公司延续下去？时间将会证明，因为第二曲线思维来之不易，它不仅需要理性分析，还需要想象力、直觉以及天分，然后在付诸行动的时候还需要踏足未知领域的勇气，因为你周边的一切都告诉你，其实你并不需要那样做。

总之，毫无疑问，不管是在生活中还是在组织机构的发展中，人们对第二曲线的思考和实践都还太少。有时候，它需要一些因素来触发。在企业里，当利润率下降或市场份额减少时，大家才会意识到新观念的必要性。

总之，我会建议在很多传统的做事方法中加入第二曲线的思维——资本、经济及其衡量方式、教育、工作及其组织方式、婚姻与家庭、民主与政权。在这些领域详细探讨第二曲线既不是我的目的，又不是我所擅长的。这些事只能交给目前第一曲线的掌舵者或者准备开始第二曲线的人。我的初衷仅仅是挑战、质疑或者偶尔建议、激发。我希望自己的子孙能生活在一个更好的、焕然一新的世界中。如果我的建议看起来是离谱、欠考虑甚至是危险的，那就更好了。如果我的观点能在同事和朋友中引起争论，或者成为某些人思考第二曲线的触发因素，那我倍感欣慰。

摘录自查尔斯·汉迪著作《第二曲线：跨越“S型曲线”的二次增长》

编辑：王夏苇

本辑客座总编辑

宋志平

部分著作

《三精管理 增订版》

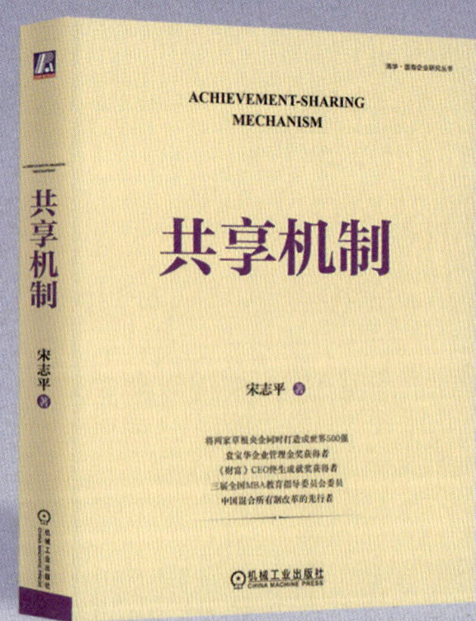

《共享机制》

宋志平

中国上市公司协会会长、

中国企业改革与发展研究会会长

曾担任中国建材集团、中国医药集团董事长，带领两家企业双双跻身世界500强，开创并成功实践了“八大工法”“三精管理”等经营管理模式。

扫码购买